中公新書 2269

老川慶喜著

日本鉄道史 幕末・明治篇

蒸気車模型から鉄道国有化まで

中央公論新社刊

目次

第1章　鉄道時代の到来——ペリー来航から廟議決定へ

Ⅰ 「交通革命」の渦中で

『別段風説書』が伝えた鉄道

世界で初めて本格的な鉄道が開業したのは、イギリス産業革命の最終局面にあたる一八三〇（文政一三）年のことであった。「本格的」な鉄道とは、技術的には蒸気機関車が登場し、これまで炭鉱や運河の付属施設として導入されていた馬車鉄道の性能をはるかにしのぎ、公共交通手段として営業的にも成功をおさめる鉄道会社の誕生ということである。「最初の工業国家」イギリスで、この年の九月、リバプール〜マンチェスター間四五マイル（七二・四キロメートル）の鉄道が開業し、ここに鉄道時代の幕が切って落とされた。鉄道は、その後またたく間にフランス、アメリカ合衆国、ベルギー、ドイツなどの欧米諸国に伝播《でんぱ》し、ほぼ二〇年後の一八四九年には、世界の鉄道の開業距離は一万八六五六マイル（三万一七・五キロメートル）にも達した。

世界に広がりつつあった鉄道の情報は、遠く離れた東洋の島国・日本にも伝えられた。バタフィア（現在のインドネシアの首都ジャカルタ）のオランダ領東インド政庁は、一八四〇年

リバプール～マンチェスター鉄道開通式（I.Shaw画）
（小松芳喬『鉄道の生誕とイギリスの経済』より）

にアヘン戦争がおこると、その情報を幕府に伝えるため、同年から毎年『別段風説《べつだんふうせつ》書《がき》』を提出した。そして、四六年からは広く世界のさまざまな出来事を記載するようになり、そのなかに鉄道の情報も含まれていたのである。

まず、一八四六（弘化三）年の『別段風説書』では「鉄道と運河によって、太平洋をインド洋（大西洋か）とつなぐ計画が始まっている」という、フランスの日刊紙の情報が紹介された。翌四七年には、ヨーロッパや北アメリカで鉄道の敷設が進展しており、アメリカでは「東海岸から西海岸へ、ニュー・ヨーク（ママ）からオレゴン地域のコロンビア川へ鉄道を敷設するという計画がある」ことが報じられた。そして、「これらの鉄道を使えば、最も重い積荷でも、歩いて六時間から一二時間〔の距離〕を、一時間の速さで運ばれる」と、重量貨物をこれまでのいかなる輸送手段よりも速い速度で運ぶことができるという鉄道の特性を論じていた。また一八四九（嘉永三）年から五一年にかけては、パナマ地峡における運河と鉄道の建設計画が報じられ、それが実行されるとアメリカの「勢力は増大するだろう」と分析していた。さらに一八五〇年には、「貿易のために船を全世界に派遣している北米合衆国は、貿易のため日本にも来る考えを持っている」と、それから三年後の一八五三年におけるペリーの日本への来航も予測していた。

そのほか一八五二年には、スエズ地峡の鉄道敷設をめぐるエジプトとトルコの対立が報じられ、「この鉄道は、ヨーロッパからインド地方に向かう旅行のため陸路をとる旅客と貨物の輸送に役立つにちがいなく、ひとたび完成の暁には、その遠く離れた国々の間の連絡を著しく速めるだろう」と、同鉄道の意義を論評していた。また一八五七年には、地中海と紅海をつなぐスエズ運河の開鑿《かいさく》が「ヨーロッパとアジアの間の貿易活性化のために」計画されており、同運河が竣工《しゅんこう》すれば「イギリスからの船舶は、五〇日で中国に到達できるだろう」という見通しを述べている。そして、イギリスの植民地オーストラリアで「近頃、初の鉄道が、一般的な輸送のために開設された」ことも報じられていた（松方冬子編『別段風説書が語る19世紀』）。

このように欧米諸国やその植民地での鉄道敷設に関する情報は、鎖国下の日本にも伝えられていたが、さらに蒸気機関車の模型がもたらされると鉄道のメカニズムを解明し、実際にそれを製作する人びとがあらわれた。

ペリーの献上品

一八五〇年の『別段風説書』が予測したとおり、アメリカの東インド艦隊司令長官ペリーが、五三年七月（嘉永六年六月）、サスケハンナ、ミシシッピ、プリマス、サラトガの四隻からなる艦隊をひきいて江戸湾内の浦賀《うらが》に来航し、日本に開国と通商を求めた。大統領の将軍あて親書を渡していったんは退去するが、翌五四年二月（嘉永七年一月）に今度は九隻の軍艦をひきいて江戸湾内の小柴《こしば》沖にあらわれ、前年の要求に対する回答を求めた。

このとき、ペリーは将軍への献上品の一つとして蒸気機関車の模型を持参し、横浜の応接場の裏で組み立て幕府の応接掛《おうせつがかり》らの前で運転をしてみせた。そのときに蒸気車模型に乗った河田八之助（迪斎《てきさい》）は、その様子を「火発して機活き、筒、煙を噴き、輪、皆転じ、迅速飛ぶが如《ごと》く、旋転数匝《そう》〔数回〕極めて快《はや》し」と日記に記している（『日本国有鉄道百年史』第一巻）。蒸気車模型の運転は、江戸城においても行われた。伊豆の韮山《にらやま》に反射炉を築造したことで知られる江川太郎左衛門《たろうざえもん》（英龍《ひでたつ》）が、将軍家定《いえさだ》以下幕府の首脳陣の前で蒸気車模型を運転したのである。

日本は一八五四年三月（嘉永七年三月）にアメリカと、下田、箱館の開港と薪水《しんすい》・食糧の供給などを定めた和親条約を締結した。条約締結を機に、蒸気船による太平洋横断ルートの実現可能性が開かれ、一八六七（慶応三）年にはアメリカの太平洋郵船が太平洋横断定期航路を開設した。そして、その後の汽船・鉄道・電信分野における急激な技術革新もあって、「交通革命（traffic revolution）」が一挙に進展し、世界の一体化が進んだ（小風秀雅「十九世紀における交通革命と日本の開国・開港」）。

フランス人作家ジュール・ヴェルヌは、一八七二年に冒険小説『八十日間世界一周』を発表した。これは、主人公のイギリス人資産家フィリアス・フォッグが七二年一〇月二日にロンドンを列車で発《た》ち、その後陸路は鉄道、海路は蒸気船を利用して八〇日間で世界を一周し、一二月二一日にロンドンに戻ってくるという物語である。フォッグがたどった経路と利用した交通機関、所要日数は、ロンドン～スエズ（鉄道・蒸気船、七日）、スエズ～ボンベイ（蒸気船、一三日）、ボンベイ～カルカッタ（鉄道、三日）、カルカッタ～香港（蒸気船、一三日）、香港～横浜（蒸気船、六日）、横浜～サンフランシスコ（蒸気船、二二日）、サンフランシスコ～ニューヨーク（鉄道、七日）、ニューヨーク～ロンドン（蒸気船、九日）であった。日本で最初の鉄道が新橋～横浜間で開業するのは一八七二年一〇月一四日（明治五年九月一二日）

であったから、フォッグが横浜港に立ち寄った一一月一三日はその約一ヵ月後ということになる。

日本政府が鉄道の導入を、当時政府の最高意思決定機関であった廟議《びょうぎ》で決定するのは、ペリーが蒸気車模型を持参してから一五年後の一八六九年一二月（明治二年一一月）であった。同じ年にはサンフランシスコからニューヨークにいたるアメリカの大陸横断鉄道が開通し、スエズ運河も完成していた。そして翌七〇年にはボンベイ（現・ムンバイ）～カルカッタ（現・コルカタ）間のインド大陸を横断する鉄道が開通し、ヨーロッパ、北アメリカ、アジアを周回する汽船と鉄道による交通ネットワークが形成された。リバプール～マンチェスター鉄道の開業からほぼ四〇年、鉄道が世界を結びつける時代に突入したのである。

蒸気車模型の製作

ペリーの最初の来航からほぼ一ヵ月後の一八五三年八月（嘉永六年七月）、ロシア使節プチャーチンが軍艦四隻をひきいて長崎にあらわれた。長崎奉行を通じて、幕府に日露国境に関する協定の締結と日露間の通商を求めてきたのである。

佐賀藩士の本島藤太夫《もとじまとうだゆう》は、藩主鍋島直正《なおまさ》からロシア軍艦の内部を視察するよう命じられ、検使の大井三郎助《さぶろうすけ》や福井金平らと軍艦パルラダ号に乗り込み、士官室で円台の上を回走する

佐賀藩の精錬方が製造した蒸気車模型

七寸（二一・二センチメートル）ほどの蒸気機関車の模型を見学するとともに、艦内の各砲を視察した。佐賀藩精錬方雇《せいれんかたやとい》の中村奇輔《きすけ》も同道し、蒸気車の走る原理を「士官室に於《お》ける蒸気車の雛型《ひながた》は、これに熱湯を注入しアルコホル器に点火し、その沸騰の音起りて煙突より煙を生ずるに及びて、前に施せる螺《ら》旋《せん》を捻《ひね》れば、車輛《しゃりょう》忽《たちま》ち転じて盤上を回り、而《しこう》して押へて捻金《ねじがね》を捻れば、忽ち止む装置なりき」と観察していた（中野礼四郎編『鍋島直正公伝』）。なお、ペリーが蒸気車模型を持参したのは二度目に来航した五四年二月であったので、本島ら佐賀藩士が蒸気車模型を見たのはそれよりも数ヵ月早かったことになる。

　精錬方は開明的な佐賀藩主鍋島直正の意を受けて設置され、反射炉など近代的な科学技術導入の中心的な機関となっていた。精錬方には中村のほかに田中儀右衛門《ぎえもん》（久重）と石黒寛二《かんじ》がいた。中村は「発案発起」型の人間、石黒は外国人の書いた書物を参考にして緻密な研究を行うという学者タイプ、そして田中は「からくり儀右衛門」という異名をもつほど実地の技術に優れていた。中村、田中、石黒の三人は「如何《いか》なる機械と雖《いえど》も、之《これ》を製造するは決して難事にあらず」と語っていたが、それから二年後の一八五五（安政二）年九月にはアルコールを燃料として走る蒸気車模型を完成させた（同前）。

佐賀藩主の鍋島直正は近代科学の研究や導入に積極的であったことで知られているが、精錬方の三人は模型を見ただけで蒸気機関車の原理と構造を理解し、製作してしまうほどの知識と技術をもちあわせていた。

佐賀藩以外にも、薩摩《さつま》藩や福岡藩で蒸気車模型が製作された。薩摩藩では、藩主の島津斉彬《なりあきら》が一八五四年に蒸気船の建造と同時に蒸気車模型の製作を家臣に命じ、翌五五年に製作された。福岡藩でも、詳細は不明であるが一八五七年ごろに蒸気車模型が製作されていた。また長州藩や加賀藩は、何らかの方法によって蒸気車模型を購入していた（武藤長蔵『本邦鉄道史上第一頁に記載さるべき事蹟に就て』）。

『遠西奇器述』の刊行

薩摩藩では、一八五四年一二月（嘉永七年一一月）に『遠西奇器述《えんせいききじゅつ》』なる書物を出版した。

これは蘭学者《らんがくしゃ》の川本幸民《こうみん》がみずからの「朝夕の講習の余話」を門弟の田中綱紀《つなのり》にまとめさせたものである。一八五二（嘉永五）年にオランダで出版されたファン・デル・ブルクの『理学原始《りがくげんし》』（*Eerste Grondbeginselen der Natuurkunde*）を底本として、「直写影鏡（写真機）」「電信機」「蒸気機」「蒸気船」「蒸気車」などについて解説がほどこされている。なお、維新後、開明派官僚として鉄道敷設を推進した大隈重信もこれを精読したといわれている。

蒸気車に関する記述を見ると、まず「鉄條ヲ路《みち》ノ両側ニ列シ、気圧ヲ以《もっ》テ、車輪ヲ其《その》上ニ走ラス者ナリ」と、図解をまじえながら鉄道のメカニズムが明らかにされている。そして、西洋諸国では「蒸気車ヲ用ヒテ皆其便利ヲ知」り、鉄道が「大都府ヨリ諸方ニ通スル、恰《あたか》モ蜘蛛《くも》網ノ如《ごと》」く張りめぐらされているとされている。このように西洋諸国で稠密《ちゅうみつ》な鉄道網が形成されたのは、敷設に困難がともなうとはいえ「其便利ノコレヲ補フニ足レル」ことを認識していたからであった（菊池俊彦『江戸科学古典叢書』一一）。

なお、薩摩藩では同書の第二版を一八五九（安政六）年に同じく川本の門弟であった三岡《みつおか》博厚《ひろあつ》の編纂《へんさん》によって出版している。薩摩藩が鉄道に強い関心を示したのは、海防と殖産興業の必要を理解していたからであった。

鉄道に乗った漂流民たち

このように幕末の日本では、幕府や薩摩藩・佐賀藩などを中心に、徐々に鉄道というものが認識されはじめていたが、実物を見ることはできなかったし、ましてや乗ることなどできるはずもなかった。しかし、海外渡航が禁じられていたなかで、アメリカにわたって実際に鉄道に乗った日本人がいた。ジョン万次郎こと中浜万次郎と、浜田彦蔵《ひこぞう》（ジョセフ・ヒコ）という二人の漂流民である。

中浜万次郎は土佐の漁師であったが、一八四一年一月（天保一二年一月）、出漁中に遭難、ほぼ四ヵ月後にアメリカの捕鯨船に救助されてアメリカにわたった。万次郎は一八五〇年五月、カリフォルニアの金山に入ることを目的にサンフランシスコから汽船でサクラメントに向かい、そこで鉄道に乗り換えている。日本人では最初に鉄道に乗ったといわれており、鉄道について実に細かい観察を行っている（中浜東一郎『中浜万次郎伝』）。帰国後の取り調べのなかで、万次郎は鉄道について「平常遠足等仕《つかまつり》候《そうろう》には、『レイロヲ』（鉄道）と唱へ候火車（汽車）に乗り参り申候。此《この》仕様は船の形にして大釜《おおがま》に而《て》湯を沸《わかし》、湯の勢を以《もって》、凡《およそ》一日に三百里程も走り、屋形より外輪を覗候処《のぞきそうろうところ》、飛鳥之如《のごと》くに而《て》、一向見る間《ま》無御座候《ござなくそうろう》。尤《もっとも》車道には、鉄を敷渡し御座候」と説明している（「中浜万次郎等漂流始末書」）。鉄路（レール）の上を蒸気力によって牽引される汽車が走り、その速度は一日に三〇〇里（一一七八キロメートル）を走るという速さであった。三〇〇里はほぼ江戸から福岡までの距離に匹敵するので、それを一日で走るというのは当時の人びとにとっては想像もできない速さであった。

一方の浜田彦蔵は、山陽道の播磨《はりま》国古宮《こみや》村（兵庫県加古郡播磨町）の農民の子として生まれたが、一八五〇年一二月（嘉永三年一〇月）、江戸からの帰途に遠州灘《えんしゅうなだ》で海難にあってアメリカ船オークランド号に拾われ渡米した。それから三年後の一八五三年八月六日、アメリカ東海岸のニューヨークからボルチモアまで、初めて「蒸気機関でひっぱる車」（鉄道）に乗った。その日の朝七時にニューヨークを発つと、汽車は夕方の六時にボルチモアについた。彦蔵はこの鉄道の走る様子を「はじめはゆっくりだが、だんだんスピードをあげてゆき、通りすぎるものも、はっきり見わけがつかなくなった」と表現している（『アメリカ彦蔵自伝』1）。また、自著『漂流記』においても、鉄道について「十分に蒸気をしかくれば、一時の間に日本里数六十里を行けども、左様にすれば怪我《けが》過《あやま》ちの有ることを慮《おもんぱか》りて、常には一ときに二十五里づつ走らすといふ、内に乗居《のりおり》て、近き田畑に耕をなし居る農民などをみるに、飛鳥のごとく瞭《しか》と見留《みとど》る事能《あた》はずといへども、車の動揺ははげしからず、少しの書物《かきもの》はいたさるる程なり」と述べている。浜田彦蔵によれば、汽車の時速は二五里（九八・二キロメートル）とおどろくべき速さであるが、その割には揺れが少なく、多少は文字を書くこともできるという。

万延元年の遣米使節

その後、開国と開港を経て条約の批准などで欧米に向けて幕府の使節が派遣されるようになると、幕府の役人や随行員も鉄道に乗車する機会をもつようになった。

一八六〇年二月（安政七年一月）、日米修好通商条約の批准書交換のため、新見《しんみ》豊前守《ぶぜんのかみ》正《まさ》興《おき》を正使、村垣淡路守範正《むらがきあわじのかみのりまさ》を副使とする七十数人の使節団が品川を出発した。使節団は米艦ポーハタン号に乗ってアメリカに向かい、同年四月二六日、パナマ～アスピンウォール（のちのコロン）間で鉄道に乗車した。村垣範正『遣米使日記』には、彼らがどのように鉄道を観察していたかが記されている。

村垣によれば、蒸気車に近い車輛は煙がかかり音もうるさいので荷物を載せ、ついで「軽輩のもの、次に家司《けいし》下司《げし》抔《など》乗りて、終《しまい》の車にをのれ等は謁見以上の下司まで乗りたり」と、乗り心地のよくない先頭の車輛には荷物、ついで軽輩のものが乗車し、最終車輛には謁見以上の身分の高いものが乗車したとのことである。「自由」と「民主主義」の国アメリカで、日本の封建制度下の身分制度に即して乗車する車輛を決めているのがおもしろい。また鉄道の速度については、「七八間《けん》先を見れば、さのみ目のまはる程のこともなく、馬の走りを乗るが如し」と、武士らしく乗馬になぞらえて観察しているが、目が回るほどの速さではないと見ていた。

一方、仙台藩士で使節団の随行員の一人であった玉虫誼茂《たまむしやすしげ》は、鉄道のメカニズムに関心をもったようである。彼の記した『航米日録』には、ボギー台車について「小車八輪を前後両端に分って、其四輪は鉄を以て一車台に接続して、鉄栓にて屋台《おくだい》の下に結合す。是《これ》又車路屈曲の為《た》めならん」と説明されており、鉄道の構造についても「其奇巧の精密、唯々《ただただ》驚き入るのみ」であるという感想が残されている（野田正穂ほか編『日本の鉄道』）。

福沢諭吉の見た「鉄路商社」

近代日本の代表的な啓蒙思想家として知られる福沢諭吉や、日本資本主義の生みの親と称される渋沢栄一も、幕末のこの時期に鉄道に乗車している。二人は鉄道の速度や構造に注目するだけでなく、人びとの社会生活や経済活動に鉄道がいかに有用であるかという観点からも観察していた。

一八六二年一月（文久元年一二月）、幕府は修好通商条約批准のためヨーロッパにも使節団を派遣したが、福沢諭吉はこの使節団に随行した。このとき福沢らの一行はスエズ地峡、マルセイユ〜パリ間、パリ〜カレー間、ベルリン〜ペトロスブルク（現・ロシア、サンクトペテルブルグのドイツ語名）間などで鉄道に乗った。マルセイユについたのは一八六二年四月三日（文久元年三月五日）であったが、ホテル・デ・コロニーに四日ほど滞在し、七日の朝一〇時の蒸気車でリヨンに向かい夕方の六時についた。リヨンは人口四〇万人を擁し、絹帛《けんぱく》、羅紗《らしゃ》などを製していたが、福沢は「此地舟楫《しゅうしゅう》の便利なしと雖《いえ》ども、鉄道諸方え《へ》通じ、交易甚だ盛なり」「人戸稠密、市街地壮麗なるは、マルセイユよりも優《すぐ》れり」と、リヨンの繁栄の要因を鉄道の要地であるという点に見出《みいだ》していた。九日の朝一〇時にはリヨンを発ち、午後六時過ぎにパリについた。福沢は、マルセイユ～パリ間の鉄道についてほぼつぎのように観察していた（福沢諭吉『西航記』）。

マルセイユ～パリ間の距離は六六〇里（二五九一・八キロメートル）であるが、鉄道の敷設費は「地形の険易」によって異なり、地形が険しいところでは一里につき六三万フラン、平易な箇所では一里につき九万五〇〇〇フランほどであった。また、いかに鉄道敷設費が巨額に上ろうとも政府がそれを支出することはなく、「鉄路商社」が鉄道を敷設する。「鉄路商社」とは株式会社組織を採用した鉄道会社のことであるが、福沢は商社について「二、三の富商相謀《あいはかり》て一商事を起し、其事を巨大にせんと欲するときは、世上に布告して何人を論ぜず金を出して其社中に加はることを許し、若干の金を集め大に事を施行し、歳末に至りて一歳中の出入を計り、得る所の利を平均して総社中に分つ」と説明している。また、「此社中に加はるときは、僅《わずか》に百フランクの金を出せる者と雖《いえども》共、商事大なるが故《ゆえ》に利を収ることも亦《また》多し」と、わずかな出資でもそれなりの利益を配当として受け取ることができるとしていた。なお、マルセイユ～パリ間の「鉄路商社」の営業年限は一〇〇年で、その後は政府の所有となること、官有物の無賃輸送や公用による旅客運賃には割引があることなども記されていた。

福沢は、その後『西洋事情　初編』（一八六六年）において、西欧では広く「商社」（株式会社）が経済活動の単位となっており、「総《すべ》て商船を造りて外国と交易し、飛脚船を以て世界中に往来し、為替問屋を設けて各国と互に取引を為《な》し、鉄路を造り製造局を建て瓦斯燈《ガスとう》を設くる等の大商売より、国内の諸商売に至るまで、皆此の商社の為す所なり」と、大資本を要する鉄道会社は造船、海運、銀行などと同じように株式会社形態をとっていると解説している。『西洋事情』は当時一五万部（偽版を加えると三〇万部）をこえるベストセラーで、同書によって多くの日本人に鉄道に関する知識がゆきわたっていったものと思われる。

渋沢栄一の鉄道体験

渋沢栄一も一八六七年二月一五日（慶応三年一月一一日）、横浜港でフランス郵船会社のアルヘー号に乗船した。将軍徳川慶喜の異母弟でのちに水戸藩主となる徳川昭武《あきたけ》に随行し、パリで開催される万国博覧会に出席するためであった。昭武は、万博終了後に欧州各国を訪問して幕府の存在をアピールし、将来の指導者となるべくそのままパリにとどまって学問をすることになっていた。しかし幕府が倒壊したため、二年後の六九年一月（明治元年一二月）、昭武と渋沢らは帰国した。

渋沢はもともと攘夷《じょうい》を持論としていたが、フランス行きが決まると「外国はすべて夷狄《いてき》禽獣《きんじゅう》であると蔑視して居《い》たが、この時には早く外国の言語を覚へ、外国書物が読めるやうにならなくちゃいけないと思」うようになり、「兵制とか医学とか、又は船舶、器械とかいふことは、到底外国には叶《かな》はぬといふ考へが起つて、何でも彼方《あちら》の好い処《ところ》を取りたいといふ念慮が生じ」るようになったという（渋沢栄一『雨夜譚《あまよがたり》』）。

渋沢栄一（1867年、フランス）

フランスに向かう途中、渋沢らの一行はスエズからアレキサンドリアまで鉄道に乗車した。一八六七年三月二六日（慶応三年二月二一日）の午後七時にスエズを発ち、夜中の一二時にカイロにつくが、休む間もなく翌日の午前一時には汽車に乗って一〇時にアレキサンドリアに到着した。渋沢は『航西日記』（一八七一年）のなかで、この鉄道を敷設したのは「英国通商会社の目論見《もくろみ》にて、東洋貿易簡便自在を得ん為め」で、「年限を定め其費用償戻しの上ハ、地元に属せしめんとの約束のよし」と記し、同鉄道がイギリス資本によって東洋貿易を発展させるために敷設され、一定の年数にわたって経営したのちは地元に返還する約束になっていたことを明らかにしている。

アレキサンドリアに向かう汽車のなかで、おもしろい出来事があった。汽車に乗って窓外を見ると透き通っているので、何もないと思い一行のあるものが窓の外へ捨てるつもりでミカンの皮を何度も投げた。すると、隣に座っていた西洋人が憤って何かを言い出したが、言葉が通じないので言い争っているうちに喧嘩《けんか》になってしまった。よく聞いてみると、西洋人はガラスがあるのにミカンの皮を投げてわざと自分にあたるようにした、この日本人は実に失敬な奴《やつ》だという。一方日本人は、ミカンの皮は外に捨てているのに、怒ってくる西洋人はけしからんというのである。結局日本人がガラスというものを知らなかったために起こったこととわかり、最後は双方とも笑ってことなきを得た。

「つくづく其便利なのに感心」

福沢と同様、渋沢一行もマルセイユからリヨンを経てパリまで鉄道に乗った。一行は一八六七年四月三日（慶応三年二月二九日）にフランスのマルセイユにつき、同所にしばらく滞在したのち四月一〇日（三月六日）の午前一一時三〇分に汽車でマルセイユを発ち、夕方の七時にリヨンについた。リヨンはパリにつぐフランス第二の都市で、渋沢は「市街の布置家居も頗《すこぶ》る宏壮花麗なり。広大なる繅糸場《そうしじょう》、紡織場あり。凡《およそ》西洋婦女の服飾、其他の絹紗綾《きぬさや》、羅子、緞子《どんす》、綾羅《りょうら》、錦綉《きんしゅう》の類、皆此地より出《いづ》る。職工常に七八千人。器械屋宇《おくう》の設も亦壮大なりといふ」と『航西日記』にしたためているが、翌朝七時にリヨンを発っているので市内をゆっくり遊覧する時間はなかったようである。

パリには四月一一日の夕方、四時についた。マルセイユ～パリ間の鉄道について、渋沢はのちに「私はつくづく其便利なのに感心して、国家はかかる交通機関を持たねば発展はしないと思ひ、欧州のかゝる物質文明の発達を羨《うらや》んだ」と記している。渋沢らはパリにとどまっていたので、その後もしばしば鉄道に乗った。イタリアに行ったときには、仏伊間の山脈を馬車で通行し、「欧州も総て鉄道が通じて居ると云《い》ふ訳ではなかつた」ことを認識した。そしてのちに、このときに「日本にも鉄道を敷設せねばならないとは考へたが、何時《いつ》日本に出来るかとは想像しなかつた」と回想している。

さらにイギリスの鉄道については、「其の整頓して居るさまに感心した。即《すなわ》ち時間になると鐘を鳴らして人を集めてから発車すると云ふ仕掛であつた。故《ゆえ》に私は交通機関たる、海の船舶、陸の鉄道は是非必要であるから、日本へ帰つたらやりたいものだと思ふやうになつた」と述べている（渋沢栄一『雨夜譚会談話筆記』上）。ヨーロッパで鉄道に乗車した渋沢は、その経済発展に及ぼす影響が大きいことを認識し、帰国後日本においても鉄道を敷設したいと考えるようになったのである。

鉄道技術を学んだ井上勝

この時期、留学先のロンドンで鉄道技術を体系的に学び、それを日本にもたらしたのが、長州藩士の井上勝《いのうえまさる》（一八四三〜一九一〇）である。帰国後、井上は、鉄道専門官僚として日本の鉄道ネットワークづくりと鉄道技術の自立化に生涯をささげた。

長州藩は尊王攘夷を藩論としていたが、一方では西欧の科学技術を積極的に学ぶことを重視していた。藩政の中枢にいた周布政之助《すふまさのすけ》は、攘夷を決行したのちには万国に対峙《たいじ》しなければならず、そのためには西欧の科学技術を身につけた人材を養成する必要があると考えていた（周布公平監修『周布政之助伝』）。そこで長州藩は、一八六三年六月（文久三年五月）、井上勝（野村弥吉）をはじめ、志道聞多《しじもんた》（井上馨）、遠藤謹助《きんすけ》、山尾庸三《やまおようぞう》、伊藤博文（俊輔）の五人の若者を英国ロンドンのユニバーシティ・カレッジ・ロンドン（UCL）に留学させた（のち、彼らは「長州ファイブ」とよばれる）。これは幕府の許可を得ていないという意味で「密航」であったが、長州藩内では正式な手続きを経ていて、藩主の毛利敬親《たかちか》および世子《せいし》の元徳《もとのり》の許可を得ての渡航であった。

西南雄藩のうち佐賀藩は蒸気車模型を製作し、薩摩藩は西欧の書物の翻訳を通じて鉄道という西欧で誕生した科学技術を取り入れようとしていたが、長州藩は西欧の近代技術を身につけた「生きた器械」を作るために、遠く離れた英国ロンドンに留学生を派遣したのである。五人の留学生のなかで、井上勝が鉱山・鉄道の技術を学んだ。井上はロンドンでの学習ぶりを、のちに「始めは語学、算術、理化学等を研究し、後には鉱山及鉄道の実業を専習した」と述べている（井上勝「日本帝国鉄道創業談」）。

長州ファイブ（1863年）
後列左から遠藤謹助、井上勝、伊藤博文、前列左から井上馨、山尾庸三。

井上が帰国したのは、明治維新直後の一八六八年一一月（明治元年一一月）、二六歳のときであった。ロンドンで近代文明に直《じか》にふれてきた井上は、蒸気船による交通革命が日本にも押しよせていることを敏感に感じとっていた。井上によれば、ペリー来航以降「交通機関は唯一の脚力あるのみ」といわれていた日本の交通は大きく変貌をとげ、「会々《たまたま》汽船の来るありて、海路の交通先づ開《ま》け」、陸運でも馬車や人力車が普及し「地方政庁は競うて道路の改修に努め」るようになった。しかし、馬車や人力車のみでは「汽船の快速力と内外相応ずべきもの」とはならず、「必ずや鉄道の布設あり、然《しか》る後に始めて海陸交通機関の完備すべきもの」と、一九世紀半ばの交通革命のなかで、日本でも汽船と鉄道を基軸とした交通体系を作らなければならないと考えていたのである（同前）。

この井上が、一八七一年九月（明治四年八月）に鉱山頭《こうざんのかみ》との兼任ではあったが鉄道頭《てつどうのかみ》に就任した。以来九三年三月に鉄道庁長官を辞任するまで、ほぼ二〇年間にわたり、鉄道専門官僚として日本の鉄道システム形成の陣頭指揮をとった。井上は、一九一〇（明治四三）年八月に若き日に留学していたロンドンで客死するが、当時鉄道院総裁であった後藤新平が弔辞を述べ、「井上勝君は我鉄道界最初の有功者にして、我鉄道史中特筆すべきもの尠《すく》なからず」と、その偉業をたたえた（村井正利編『子爵井上勝君小伝』）。

II　さまざまな計画と主導権争い

薩摩藩・五代友厚の構想

ペリーの来航以来、前述のように国内では蒸気車模型が製作されて各地に出回るとともに、実際に海外に出向いて鉄道に乗る者もあらわれた。また、鉄道の構造や経済・軍事上の意義を解説した書物が多く出版され、幕末・維新期の開明的思想家として知られる横井小楠《しょうなん》のように、国内市場形成のためには鉄道を敷設しなければならないと説く者もあった。こうしたなかで、薩摩藩士の五代友厚《ごだいともあつ》、フランス人の銀行家フリューリー・エラール、アメリカの商人ウェストウッド、同じく公使館員ポートマンらによって、京都～大坂間、大坂～神戸間、江戸～横浜間などの鉄道敷設が計画された。

薩摩藩主の島津斉彬が鉄道に強い関心をもっていたことは先に述べたが、同藩士の五代友厚が京都～大坂間の鉄道敷設を計画した。五代は長崎の海軍伝習所で西欧諸国の海軍力の強大さを学び、それを幕府が積極的に取り入れようとしているのをみて、攘夷の愚かさと無謀な倒幕運動の非を悟り、薩英戦争を引きおこした藩内の尊王攘夷派を激しく攻撃して、開国貿易と富国強兵の重要性を主張していた。具体的には上海貿易を盛んにし、その利益で英、仏両国へ留学生を派遣し、鉱山、高炉、製薬などの分野の技術者を招聘《しょうへい》すべきであると考えていた。

五代の構想は、一八六五年四月（元治二年三月）の薩摩藩によるイギリスへの留学生派遣となって実現した。新納刑部《にいろぎょうぶ》（中三《なかぞう》）を団長、町田久成、松木弘安《こうあん》（寺島宗則《むねのり》）、五代友厚を引率者、堀孝之《たかゆき》を通訳とし、一五人の留学生が英国ロンドンに派遣されたのである。井上勝ら長州ファイブの密航から二年後のことであった。

一八六五年六月（慶応元年五月）にロンドンに到着すると、五代はイギリス各地を視察してまわった。五代らは留学生の監督という名目で派遣されていたが、実際には薩英戦争後急接近することになったイギリスとの親交を深め、ヨーロッパ各地を視察し物資を調達するという役目をおびていたのである。

五代はマンチェスター、バーミンガムを訪れ、大量の小銃・短銃などの銃器や紡績・紡織機械を購入した。さらにヨーロッパ大陸にわたり、各地の名所旧跡や風俗などを観察するとともに、製鉄所、各種工場、商業施設などの発展に興味を示した。そしてベルギー人の実業家モンブランと、一八六五年一〇月（慶応元年八月）、薩摩藩内の鉱山開発や工場の建設、ヨーロッパからの商品の輸入などを目的に商社を設立するという協約を結び、日本国内の近代化をはかろうとした。帰国前の一八六六年二月（慶応元年一二月）には、モンブランとの協約に諸機械類や浮ドックの輸入、動物園の建設、浚渫《しゅんせつ》機械や蒸気船の輸入、鉄道・電信の敷設などを含めることにした。

京都〜大坂間には淀《よど》川を中心とする河川交通が発達していたが、五代はこれにかえて鉄道を敷設することの有用性を説いた。京都・伏見の人口は一七〇～一八〇万人にも上り、京都には全国の「遊客」が集まり、往来者の数は一日に一万人を下らない。しかも大坂はフランスの貿易港ル・アーブルやマルセイユのようで、日用品の多くが大坂から京都に送られていた。詳細については帰国後調査をしなければならないが、京都～大坂間鉄道は輸送効果を十分に発揮することができ、それは同時に「普《あまね》く国民の蒙昧《もうまい》を開く良作(ママ)」でもあると考えられていた（五代龍作『五代友厚伝』）。なお、当時薩摩から京都に軍隊を派遣する場合は、大坂まで海上で輸送し、そこから陸路で京都に入るというコースをたどるのが普通であった。したがって、京都～大坂間鉄道の敷設計画には薩摩藩の軍事的な意図も込められていたように思われる。

しかし五代の商社設立計画は計画どおりには進まず、鉄道敷設計画も実現をみることはなかった。薩英戦争ののち、薩摩藩はイギリスへの接近をはかっており、フランス寄りのモンブランとの協約を打ち切らせたのである（大久保利謙「五代友厚の欧行と彼の滞欧手記『廻国日記』について」）。

幕府に接近するフランスの勧誘

一方、フランスは幕府に接近し、提携を強化するためしきりに鉄道敷設を勧誘していた。

幕府はフランス駐在幕府代表をフランス人の銀行家フリューリー・エラールに委託していたが、このエラールが一八六六年五月（慶応二年四月）、幕府勘定奉行小栗忠順《おぐりただまさ》、外国奉行星野千之《ちゆき》にあてて数件の献策を行った。そのなかで鉄道敷設を進言し、実際に鉄道敷設の事務処理や資材調達にあたるものとして帝国郵船会社の副社長クーレーを紹介した。エラールによれば、鉄道は戦時には兵力の迅速な輸送に威力を発揮し、平時においても客貨の速達で大きな経済効果をあげるものであった。

また一八六七（慶応三）年のはじめには、駐日フランス公使レオン・ロッシュが一五代将軍慶喜の諮問に答えて幕府を中心とした中央集権体制の確立を説き、鉄道敷設は不可欠であると建言した。幕府はロッシュの答申にもとづいて「職制改革案」を作成し、鉄道敷設を「兵卒の交代」「貿易の運転」、すなわち軍事的・経済的効果をもつものとして位置づけた。フランスは、①幕府権力と結んで日本国内の資源を開発し、フランスへの輸出を拡大すること、②幕府への軍事的・経済的援助の対価として対日貿易の独占をはかること、を意図していたのである。

しかし、幕府の鉄道敷設に対する姿勢は消極的であった。幕府はエラールが説いた鉄道の有用性に理解を示し、横須賀製鉄所の建設、陸軍士官の招聘、六〇〇万ドルの借款交渉などには積極的に応じていたが、鉄道敷設をフランス側に依頼するというようなことはなかった。

幕府にとってもっとも喫緊の課題は軍事力の強化であり、当面の諸課題の一つとして鉄道敷設を位置づけるにはいたらなかったのである。

その後幕府は鉄道敷設の構想をもつようになったが、フランスではなくアメリカに協力を依頼し、江戸と北方の生糸産地を結ぶ鉄道、および茶の産地を貫通して江戸と京都を結ぶ鉄道を敷設しようとした。幕府の役人がアメリカ公使館員のポートマンに打ち明けたとされるこの構想は、①京都地方の政治的・軍事的支配、②生糸・茶を中心とする外国貿易の独占、を意図したものといえる。ペリーの来航時に蒸気車模型の運転をまじかでみた幕府の役人たちは、鉄道敷設にかぎってはフランスよりもアメリカの方が頼りになると考えていたのであろうか。

アメリカ公使館員ポートマンへの免許状

幕府が「職制改革案」を作成したころの一八六七年三月（慶応三年一月）、横浜居留地に滞在するアメリカの商人ウェストウッドが江戸〜横浜間の鉄道敷設を計画し、幕府外国奉行に出願した。アメリカ側は土地買上げ代金、その他鉄道敷設に必要な一切の経費をまかなうことができる資本を投下することになっており、幕府側に共同出資を要請していなかった。また鉄道の敷設工事にあたっては日本人を雇用するが、賃金はアメリカ側が支給する。経営権もアメリカ側が握り、投下資本の回収は鉄道経営による利潤によってなされることになっていた。

このようなウェストウッドの鉄道敷設計画は「外国管轄方式」とでもいうべきもので、鉄道の管轄権は出願者であるアメリカ側にあった。幕府側に要請されたのは、彼に協力して鉄道敷設事業を推進してくれる役人の指名だけであった。幕府はこの鉄道敷設計画を、アメリカ側にも日本側にも大きな利益をもたらすもので、鉄道敷設に着手する意図がないわけではないが、日本はまだアメリカ、その他の西欧諸国のような「開化ノ域」に達していないので、当分の間は「鉄道建築等ノ義ニモ及ヒ難」いと拒否の意向を示した（外務省編『続通信全覧』）。

アメリカ公使館員ポートマンも江戸〜横浜間の鉄道敷設を申請した。ポートマンはペリー艦隊の一員で、横浜の応接所裏で蒸気車模型を組み立てたという経験をもっており、アメリカに帰国したのち公使館員として再度日本に派遣された。ポートマンの申請に対し、外国事務総裁であった幕府老中の小笠原長行《ながみち》は六八年一月一七日（慶応三年一二月二三日）に免許を与えたのである。

免許状に付加された「規則書」によれば、鉄道の敷設権はアメリカ側が独占的に保有することになっていた。ただし、五年以内に着工しなければ免許は無効となり、着工後は三年以内に竣工させなければならないという条件が付されていた。そして、鉄道敷設のために外国から輸入する資材は一切非課税とし、測量や地所買上げなど鉄道敷設に必要な措置については日本政府が取り扱うとされていた。日本側の監督権や経営参加権などいくつかの制約条件はあったが、収益はすべて鉄道会社に帰属することになっており、経営権は基本的にはアメリカ側にあった。また日本政府が希望すれば、いつでも建設費の一・五倍の価額で譲渡するとされていたが、その実現可能性はほとんどなかったとみられる。幕府はみずから鉄道を敷設し経営する能力を欠いていたが、友好関係にあったアメリカに依存しながら「外国管轄方式」で鉄道を敷設しようとしていたのである。

しかし、二週間前の一月三日（慶応三年一二月九日）には王政復古の大号令がなされており、すでに幕府は日本を代表する政府ではなくなっていた。そのため、のちにみるようにポートマンの鉄道敷設権をめぐって、明治政府とアメリカ側との間に紛議が生じることになった。

Ⅲ　鉄道敷設の廟議決定

外国人の計画を拒否する維新政府

維新政府が成立したのちも、在日外国人による鉄道敷設計画はくり返しあらわれた。たとえば、一八六八年九月一四日（慶応四年七月二八日）付の『横浜新報　もしほ草』には、大坂〜兵庫間の鉄道敷設を企てた外国人一人がアメリカに行き、三〇万ドルで機械や銅鉄を購入し、三、四ヵ月後に着船すると報じられている。同紙は、これを「日本の栄繁《えいはん》することこの上にあり。よろこばしき事」とみていた。同年一〇月一〇日（慶応四年八月二五日）付の同紙にも大坂〜兵庫間に鉄道を敷設しようという計画があることが報じられていた。大坂は一八六八年八月（慶応四年七月）に開市していたので、大坂〜兵庫間に鉄道が敷設されれば同区間の所要時間はおよそ「半時」（一時間）となり、大坂にも横浜と同じように「商売の繁盛」がもたらされると論評していた。土佐藩士の竹内綱《つな》は、神戸駐在のアメリカ領事モリソンから大坂〜神戸間の鉄道敷設を勧められていた。大坂の資産家で組合をつくって政府から鉄道敷設の許可を得れば、鉄道営業の監督を米国に依存し、鉄道敷設に必要な一切の機械を米国から購入することを条件に、低利な鉄道敷設資金を供給するというのであった。

さらに兵庫駐在のアメリカ領事ロビネットは、一八六九年三月（明治二年二月）、大坂〜兵庫間の鉄道敷設を計画している商社があるので認めてほしいと新政府に願い出た。この計画では、工期二年、用地の借地権は無料で、敷設権はアメリカ側に帰属するが、工事完成から五年を経過すれば日本の政府に有償で譲渡してもよいとされていた。大阪府判事になっていた五代友厚がこれを取り次いだが、維新政府は無視した。また同年四月には、イギリス人カンフェルが東京〜横浜間の鉄道敷設を請願した。「カンフェルは政府や諸侯などが起業に加わるのであれば協議に応じてもよいし、希望があれば後日政府に有償で譲渡することもいとわないなどとしていた（『日本国有鉄道百年史』第一巻）。

以上の在日外国人による鉄道敷設計画は、イギリス人カンフェルのものをのぞけば、いわゆる「外国管轄方式」に近い計画となっていたので、明治政府はこれらの鉄道敷設計画をすべて拒否した。

米英の競争と「自国管轄方針」の確立

幕府の倒壊によってフランスは日本の鉄道敷設をめぐる利権獲得競争から脱落し、アメリカとイギリスの競争が激しさを増していた。アメリカ公使館員ポートマンは、先に述べたように幕府から江戸〜横浜間の鉄道敷設権益を獲得しており、新政府発足後の一八六九年三月一一日（明治二年一月二九日）、これを追認してほしいと外国官に願い出た。しかし、外国官知事の伊達宗城《だてむねなり》および同副知事の大隈重信は、同年三月二二日（二月一〇日）付の書面でこれを拒否した。新政府は鉄道敷設についてさまざまな検討を加え、「我内国人民合力を以て」敷設するという、いわゆる「自国管轄方針」を確定していたからである（田中時彦『明治維新の政局と鉄道建設』）。

新政府がポートマンの要求を強く拒絶した背景には、イギリス駐日公使ハリー・S・パークスの進言があった。パークスは清国駐在上海総領事であったが、一八六五年七月（慶応元年五月）、オールコックにかわって駐日公使として来日した。幕末の緊迫した政治情勢のなかで、幕府と倒幕派のどちらにも与《くみ》せず中立的な立場をとっていたが、新政府が樹立されるといちはやく新政府を承認して友好関係を築いた。それと同時に、イギリスの圧倒的な経済力と軍事力をバックに、新政府に対し強い発言力をもつようになった。

パークスは外国の資本や経営に依存しなくても、自国の資本で鉄道を敷設することが可能であると日本政府に説き、政府みずからの意思で鉄道を導入するよう働きかけた。ただし、鉄道敷設の技術については、前年から灯台建設技師として来日していたお雇い英国人技師ブラントンから援助を受けるべきだとした。日本政府は、このようなパークスの進言によって鉄道敷設の自国管轄方針を確立し、アメリカのポートマンの要求を拒絶したのである。

大隈重信と伊藤博文の活躍

新政府の内部にあって、鉄道敷設を積極的に推進していたのは大隈重信、伊藤博文らの、いわゆる開明派官僚であった。大隈は佐賀藩の出身で、長崎府判事、外国官判事などを歴任したのち一八六九年二月（明治元年一二月）に外国官副知事となった。佐賀藩では幕末に蒸気車模型が製作されており、当時藩校の弘道館で学んでいた大隈もこれを見て育った。同年四月に上京するとまもなく、大隈はブラントンの鉄道敷設に関する答申を読み、新政府の権力を確立し、封建割拠のイデオロギーを打破して貿易を振興するためには鉄道敷設が有効であると考えるようになった。

大隈は、一八六九年七月（明治二年五月）、築地西本願寺脇に敷地面積五〇〇〇坪（一万六五〇〇平方メートル）、元旗本の戸川安宅邸あと）という広大な屋敷をかまえた。兵庫県知事、同県判事、通商司判事などを歴任し、会計官権判事《ごんのはんじ》となった伊藤博文も同年七月に東京在勤となり、同じく築地の西本願寺の近くに住んだ。大隈邸では、井上馨、伊藤博文、五代友厚らをはじめ多くの人びとが集まってきては夜を徹して議論をしており、中国の伝奇小説『水滸伝《すいこでん》』の舞台となった梁山泊《りょうざんぱく》（優れた人物が集まる場所）になぞらえて「築地梁山泊」とよばれていた。なかでも「伊藤の如きは日暮に寝衣《ねまき》の儘《まま》、裏木戸を排して自由に君〔大隈重信〕の家に出入し」（『大隈侯八十五年史』第一巻）、大いに議論を楽しんでいた。

伊藤は、一八六九年八月に会計官が廃止されて大蔵省が設置されると大蔵少輔《しょうゆう》となり、翌七〇年八月には民部少輔兼任となった。大隈も六九年五月（明治二年三月）に会計官副知事となったが、会計官廃止後の八月に大蔵大輔《だいゆう》となり、九月には民部大輔を兼務した。こうして大隈と伊藤は、民部兼大蔵卿伊達宗城のもとで両省の実権を掌握し、鉄道敷設を推進していったのである。

大隈らは経済力を伸張するには、交通・運輸を発達させて国内の割拠的な状態を解体しつつ、商品流通を円滑にし国民経済の発展を期さなければならないと考えた。そして、西洋諸国が鉄道敷設後、急速に国力を増した事実をとりあげ、日本でも鉄道敷設を推進すべきであると主張していたのである。

しかし、国内では弾正台《だんじょうだい》(新政府の監察機関として一八六九年に京都に設置)や兵部省《ひょうぶ》などの守旧派官僚が鉄道敷設に反対を表明していた。彼らは対外的軍備の充実こそが急務であり、貿易振興に果たす鉄道の機能は無用なばかりか、外国による侵略を容易にするものとさえ考えていた。また、外国文化を排斥する儒教主義の影響も少なからずあった。大隈、伊藤らの開明派官僚は、こうした保守的な鉄道敷設反対論が蔓延《まんえん》するなかで、イギリス公使パークスの力を借りて鉄道敷設を推進しようとしていた。

イギリス公使パークスの進言

一八六九年の秋、東北地方および九州地方で飢饉が起こり、東京では米不足が深刻な問題となった。北陸地方などに余剰米があったにもかかわらず、輸送の便が開かれてなかったため米価が高騰し、サイゴン米をはじめとする外国米をアジア諸地域から輸入しなければならなくなった。パークスは、このことを例にあげて新政府に鉄道敷設の必要性を進言した。パークスにとって、それはイギリスの対日貿易の利害にもかかわることであった。外国米の輸入が増えると、イギリスの綿紡績加工品の対日輸出が相対的に減少するからであった。

パークスは、一八六九年一〇月（明治二年九月）ごろ、鉄道敷設資金についてはイギリス人企業家ホレシオ・ネルソン・レイに相談するようにと勧めた。レイは一八三二年にロンドンで生まれ、四六年に清国にわたり通訳官、上海副領事を経て五九年に清国の総税務司（Inspector General）となった。レイは清国の関税の実権を握ったが、六三年に解任されて帰国した。その後、一八六九年に再び清国にわたり鉄道・電信事業を企てたが実現の見込みが立たず、同年七月下旬から八月上旬にかけて鉄道敷設事業の請負を目的に、旧知のパークスを頼って来日したのである（林田治男『日本の鉄道草創期』）。ただし、レイのそもそもの目的は、確実な担保をとったうえで日本政府に資金を提供することにあり、資金の用途が鉄道敷設に限定されていたわけではなかった。

パークス（鉄道博物館所蔵）

一方外務省は、一八六九年一一月、太政官に建議を提出して鉄道敷設の必要を説いた。そのさい鉄道は国内の民間資本を調達し、外国人技術者を雇用して敷設するという方法が考えられていた。事実、日本人商人のあいだで民間資本を調達し、東京〜横浜間の鉄道敷設資金にあてようという試みもなされた。しかしうまくいかず、国内の民間資本による鉄道敷設については断念せざるをえなかった。

レイと大隈・伊藤との最初の交渉は、六九年一〇月に伊藤博文の自邸で行われた。そして一八六九年一一月二五、二六日ごろには鉄道敷設資金の借款について、レイと大隈、伊藤とのあいだで内約が成立した。それは、日本政府はレイから一割二分の利率で、関税および開業後の鉄道運輸収入を担保にレイが提示した三〇〇《（ママ）》万ポンドのうち一〇〇万ポンドを起債するという内容であった。太政官は、「鉄路製作決定に付英国より金銀借入方条約取結の全権御委任被仰付候《おおせつけられそうろう》事」と、イギリスからの借款に関しては全権を大隈と伊藤に委任していた（前掲「鉄道創業の事歴」）。

廟議決定——「本邦鉄道経営の紀元」

レイから内約成立の知らせを受けたパークスは、新政府高官との会見を求めた。会見は、一八六九年一二月七日（明治二年一一月五日）に実現した。大納言岩倉具視《ともみ》、外務卿沢宣嘉《さわのぶよし》、パークスが、東京の麻布区市兵衛町《いちべえちょう》（現・港区六本木付近）にある三条実美《さねとみ》邸で鉄道敷設に関する非公式な会談をもった。大隈重信（民部兼大蔵大輔）と伊藤博文（民部兼大蔵少輔）は、病気で欠席した大蔵卿伊達宗城の代理としてこの会談に参加し、のちに鉄道頭、鉄道局長（官）、鉄道庁長官となる井上勝が通訳を務めた。

席上、岩倉らはパークスの質問に答えるかたちで、東京～京都間の東西両京間鉄道敷設の方針を決定したことなどを伝えた。するとパークスは、鉄道の敷設・経営には政府みずからがあたるべきであると進言。鉄道は版籍奉還後も存在する封建割拠の状況を改め、国内統一をはかるのに有効で、とりわけ東京～京都間鉄道は天皇東幸後における京都の人心の安定にも寄与すると述べた。また、東西両京間鉄道につづいて敦賀《つるが》から琵琶《びわ》湖岸にいたる鉄道敷設の必要を説き、さらに京都～伏見～神戸間の鉄道敷設も勧めた。

以上のような経緯を経て、明治政府は一八六九年一二月一二日（明治二年一一月一〇日）の廟議で、つぎのような鉄道敷設計画を正式に決定した（鉄道省篇『日本鉄道史』上篇）。

幹線ハ東西両京ヲ連絡シ、枝線ハ東京ヨリ横浜ニ至リ、又琵琶湖辺ヨリ敦賀ニ達シ、別ニ一線ハ京都ヨリ神戸ニ至ルヘシ

ここに、東京と京都を結ぶ東西両京間の幹線鉄道と、東京～横浜間、琵琶湖近傍～敦賀間、

京都～大阪～神戸間の支線を敷設することが決定されたのである。このとき廟議に参加していたのは、右大臣の三条実美と岩倉具視・徳大寺《とくだいじ》実則《さねつね》・鍋島直正・中御門経之《なかのみかどつねゆき》の四大納言、副島種臣《そえじまたねおみ》・大久保利通・広沢真臣《さねおみ》・佐々木高行・斎藤利行・木戸孝允の六参議であった。

なお、井上勝はこの廟議決定を「本邦鉄道経営の紀元」と評し（前掲「日本帝国鉄道創業談」）、以後この廟議決定になる鉄道路線の敷設をみずからの使命と認識し、「クロカネの道作（鉄道事業）」（井上の木戸孝允あて書簡）に邁進《まいしん》していくことになる。

アメリカの再要求

鉄道敷設の廟議決定後、一八六九年一二月一四日、一八日、二八日（明治二年一一月一二日、二〇日、二六日）の三回にわたって日本政府はレイと交渉を重ね、外資導入に関する契約を締結した。契約の内容は、日本政府はレイを通じて一人または数人から英貨一〇〇万ポンドを年利一二パーセントで借り入れ、一八七三年から一〇年間で元本を返済し、担保には日本の関税と敷設後の鉄道収入をあてるというものであった。また、日本政府は鉄道技師や職工の雇入れ、鉄道敷設資材の購入などもレイに一任した。レイはイギリスで、東洋諸国から鉄道や電信関係の建設事業を請け負う目的で会社を組織し、商業的な利益を得るために来日したのであるが、その目的はほぼ達成しえたといえる。

レイ借款が成立したころから、アメリカ公使のチャールズ・デ・ロングによってポートマンの既得権益回復の交渉が再開された。一八七〇年三月、アメリカ側からデ・ロング公使、日本政府側からは大隈民部大輔らが出席して、外務省で会見が行われた。デ・ロングはイギリスに鉄道権益を与えていながらアメリカに与えないのは、国交上の信義にかかわると日本政府を追及した。

一方日本政府は、東京～横浜間鉄道の権益をイギリスに与えてアメリカに与えないのは鉄道管轄方式が違うからであると説明した。すなわち、アメリカの要求にしたがえば、日本は外国に土地を与えて外国側の管轄のもとで鉄道を敷設することになる（外国管轄方式）。しかし、イギリスの要求によれば、資本も技術もともに日本政府の管轄下にあり、日本政府自身が鉄道を敷設するという自国管轄方式を維持できる。これは、日本政府の意向に沿ったものでもあった。したがってポートマンが既得の権益を回復しようとするならば、まず日本政府の確立している自国管轄方針にしたがって、しかるのちにレイよりも低い利息で借款を提供しなければならないというのであった。

レイ借款問題

ところが、レイとの契約はまもなく破棄されることになった。大隈らは私的な外債の募集を望んでいたが、レイはロンドンのシュレーダー商会から公債を募集することにした。一八七〇年四月二三日（明治三年三月二三日）付の『タイムズ』紙の広告が伝えるところによれば、レイはロンドンで日本帝国公債を公募公債として発行して資金を調達しており、しかも利率は年九パーセントであった。担保には関税と鉄道収入があてられていたが、担保は元利金の償還に充当されることにもなっていた。政府部内では、レイに公債発行を委任したとは認識されておらず、一二パーセントと九パーセントの利率の差額をレイが得ようとしていたことも知らなかった。したがってこのことが明らかとなれば、大隈と伊藤の失策とされることは間違いなかった。

これはひとえに大隈と伊藤の無知によるものであった。伊藤はのちに、このことを「何分我々も財政家でも経済家でもなく、特に多少欧羅巴のことを知つて居つた所が借財の方法などと云ふやふなことに就《つい》ては不心得至極であつた」（前掲「鉄道創業の事歴」）と回想している。

大隈と伊藤は、レイとの契約を解除するために大蔵大丞《たいじょう》上野景範《かげのり》を特例弁務使としてイギリスに派遣し、横浜に支店のあったオリエンタル銀行の協力を得てレイ借款を解除した。そして、公債の取り消しまたは買い戻しについての事務一切をオリエンタル銀行に委任し、改めて適当な担保を設定して三〇〇万ポンドをこえない額の公債を募集することを命じた。

一八七〇年九月、オリエンタル銀行の頭取スチュアートから、レイ解任に関する日本政府の宣言が発送された。レイは反発したが、スチュアートは書簡で日本政府の代理者であることを明らかにし、日本政府から委任された事項を忠実に代弁した。そこで契約違反として指摘されたのは、①関税ならびに鉄道収入は三〇〇万ポンドの担保であったにもかかわらず、わずか一〇〇万ポンドの担保としたこと、②借款の調達方法が私的な形で、知人間で行われるべきであるところを公募に付したこと、などであった。そして、レイに対して速やかに日本政府による解任の宣言を受諾し、解約費の額を決めて請求してほしいと申し入れた。七〇年一二月、正式にレイ借款契約の解約に関する示談が成立した。

その後、政府は改めてオリエンタル銀行に委託し、一〇〇万ポンドを九パーセントの利率で起債することにした。一〇〇万ポンドのうち、鉄道資材の購入にあてられたのは三〇万ポンドで、残りは新紙幣の製造などに費消された。

第2章　「汽笛一声」からの道のり——鉄道技術の自立

I　開港場路線の実現――東京～横浜間鉄道

根強い反対論と谷暘卿の建白書

明治政府が「自国管轄方針」による鉄道敷設を廟議《びょうぎ》決定したとはいえ、反対論がないわけではなかった。それは政府内のみならず、民間にも多く存在していた。

政府内では弾正台が強く反対し、一八六九年一月（明治元年一二月）、新政府に対して鉄道敷設よりも軍艦製造を急ぎ、「兵威興張宇内統一ノ御基本」を立てるべきであると建議した。政府からの返答がないと、一八七〇年三月（明治三年二月）に「不急ノ鉄道御開ノ儀ハ断然御見合ニ相成度、旧臘《きゅうろう》建言仕置候処《つかまつりおきそうろうところ》、未《いま》タ何等ノ御沙汰モ無之《これなく》、仍《よっ》テ御模様奉伺候也」という伺書を出した。つまり軍備の充実こそが喫緊の課題であり、鉄道敷設は見合わせるべきだというのである。同様の反対論は、西郷隆盛や黒田清隆にもみられた（上田広『井上勝伝』）。

民部省に出仕していた前島密《ひそか》の回顧によれば、当時朝野を問わず「外国から金を借りて鉄道を敷く抔《など》とは怪《あや》しからぬ」「鉄道は外国と争を開いた時、敵に便宜を与ふるものである」「鉄道は成程《なるほど》必要ではあるが、今日やるのはまだ早い」などという反対論、尚早論が大勢を占めていた。兵部省も民間有志も反対し、山のように集まった建白書のなかにも「谷暘《たによう》卿《けい》と云ふ人タッタ一人」のものをのぞけば鉄道敷設に賛成するものはなかった（前島密「帝国鉄道の起源」）。

では、前島がたった一人の鉄道敷設賛成論として取り上げた谷暘卿の建白書とはどのようなものであったのであろうか。谷は丹波国船井郡塩田谷《しおただに》村（現・京都府京丹波市）出身の産科医であるが、一八七〇年二月に「駆悪金以火輪車之議」、同年三月に「火輪車建議之余論」という建白書を提出した。谷の主張は以下のようであった。

西洋諸国の「富強」は「鉄道ノ相通スルコト縦横蛛網《ちゅうもう》ノ如《ごと》シ」と形容される、稠密《ちゅうみつ》な鉄道網の形成によってもたらされた。日本では開港以来、生糸、茶、蚕卵紙などの輸出が「年々ニ増加」しているが、運送方法は従来のままで牛馬か人力に頼るしかない。廟議では東京から神戸にいたる鉄道敷設を決定したが、さらに東京から日本でも有数の生糸の集散地である信州の上田、上州の厩橋《うまやばし》（前橋）に向かう鉄道を敷設すれば、生糸輸出が増大することは間違いない。生糸輸出が増大すれば外貨を稼ぐことができるので、日本の「富強」は「座シテ以《もっ》テ待」つだけで確実に実現できる。

一八六五年から七〇年までの日本の商品別輸出額をみると、生糸が三六六一万三〇〇〇円、蚕種が一一九二万七〇〇〇円で、輸出総額に占める割合はそれぞれ五二・二パーセント、一七・〇パーセントであった（長岡新吉ほか『近代日本経済史』）。このような状況をとらえて谷暘卿は、生糸輸出の増大が富国の一助となると考え、東京と上田や前橋などの生糸市場を結ぶ鉄道敷設を進言したのである。換言すれば、「生糸輸出立国論」とでもいうべき立場から鉄道敷設を構想していたといえよう。

谷暘卿の建白書は、当時大蔵省に出仕していた渋沢栄一が発見して大隈重信に届けたといわれている。政府部内にあって鉄道敷設を積極的に進めていたのは大蔵大輔の大隈重信と同少輔の伊藤博文であったが、渋沢は大隈や伊藤の配下にあった。その渋沢の証言によれば、大隈は谷の建議を一読し「天下滔々《とうとう》として鉄道敷設の急務を知らず、文明の利器を採択する途《みち》を解しない今日、谷の如きは実に千人に一人の活眼者である。一世の先覚者である。天下又知己あり」と、伊藤博文とともに歓喜したという（渋沢栄一「鉄道界の二大恩人」）。事実、のちに大隈は谷の建白書によって「我々は一の活路を得た」（大隈重信「鉄道創業と経営法」）と語っており、伊藤も「斯《か》の如き人間が日本に在るか、共に語るに足る位に思つた」（前掲「鉄道創業の事歴」）と回顧している。日本の鉄道敷設工事は、このような雰囲気のなかで着手されていったのである。

鉄道掛の設置と開港場路線の着工

日本の鉄道事業は民部・大蔵両省が所管し、両省中に鉄道掛がおかれて一八七〇年四月（明治三年三月）から始まった。鉄道事務を主管する寮司《りょうじ》がなかったため、鉄道掛の事務局は東京築地の旧尾張藩邸におかれた。廟議決定による鉄道敷設計画では、東西両京間の幹線鉄道と、東京～横浜間、琵琶湖近傍～敦賀間、京都～大阪～神戸間の支線を敷設することになっていたが、この年の四月にまず東京～横浜間が、つづいて八月に大阪～神戸間が着工された。

鉄道敷設工事が、開港場横浜と首都東京を結ぶ路線から着工されたのには、それなりの理由があった。新政府はこの一八マイル（二九キロメートル）の開港場路線を、鉄道網を全国に張りめぐらす端緒にしたいと考えていた。政府が東京～横浜間で鉄道を敷設して模範を示し、民間の出資による鉄道敷設計画が簇生《そうせい》することを期待していたのである。同鉄道の敷設を通じて新政府の政治的な威信を高め、横浜貿易を振興させようという政治・経済的な意図もあった。また居留地の外商から、開港場の横浜と開市である東京とを連絡する鉄道の敷設が求められてもいた。

一八七〇年四月、建築師長のエドモンド・モレルらが横浜に到着し、東京～横浜間鉄道敷設のための線路測量が神奈川、品川の両県に令達された。測量は六郷川《ろくごうがわ》（多摩川の下流部）

神奈川、野毛浦海岸付近の鉄道

を境に東京、横浜の両端から行われ、東京側は東京芝口汐留《しおどめ》の近くから、横浜側は野毛浦《のげうら》海岸から着工となった。なお、神奈川、高輪《たかなわ》付近では海上に堤を築いて線路が敷設された。

東京〜横浜間鉄道の敷設にあたって、海岸を埋め立てて線路を敷設せざるをえなかったのは兵部省の反対と妨害があったからである。兵部省は通商上の利益よりも国防の方が重要であるとして鉄道敷設に反対し、同省の建物が品川八《や》ツ山下《やました》にあったため、用地の引き渡しを拒んだばかりでなく、測量なども妨害したのである(『東京百年史』第二巻)。

初代建築師長モレルの指導

一八七〇年四月(明治三年三月)、汐留の一角に第一杭が打ち込まれ、東京〜横浜間鉄道の敷設工事が始まった。汐留から鉄道敷設工事が始められたのは築地の外国人居留地に近くて広いという理由からであった。工事を管理・設計したのは建築師長のエドモンド・モレルであった。モレルはイギリスの植民地で土木、炭鉱などの技師としてさまざまな経験を積んだのち、レイに雇われて鉄道建築師長として来日した。なお、海上の埋立工事を担当したのは、佐賀藩御用達高島嘉右衛門《かえもん》や薩摩藩御用達平野弥十郎らであった。品川・高輪付近の埋め立て、石垣の築港などを担当したのは平野であったが、平野はその様子を「同所（ママ）〔品川〕より高輪大木戸までの間、海中へ鉄道の土手築立、八ツ山下より追々仮レールを敷設け、馬車にて御殿山の土を運び送る」と手記に残している（石井満『日本鉄道創設史話』）。

モレル（鉄道博物館所蔵）

　同年八月には民部省と大蔵省が分離、民部省に土木、駅逓《えきてい》、鉱山、通商の四司のほか、新たに聴訟《ちょうしょう》、社寺、鉄道、電信機、燈明台、横須賀製鉄所の六掛がおかれ、鉄道掛が鉄道敷設工事にあたることになった。鉄道掛に任命された監督正の上野景範が、建築師長のモレルとともに工事を監督し、建築副役ジョン・ダイアック、ジョン・イングランド、チャールズ・シェパードらのお雇い外国人が直接鉄道敷設工事の指導にあたった。東京〜横浜間鉄道は、日本で最初の鉄道工事であったので、工事はすべて外国人技師の指導・監督のもとに行われた。

ところで、お雇い外国人の指導のもとで測量などの作業に従事していた鉄道掛の役人たちは、いずれも羽織、袴《はかま》に陣笠《じんがさ》という出《い》で立ちで、実地の活動にははなはだ不便であった。一八七〇年一二月に工部省が設置されて鉄道事業を引き継ぐと、工部権大丞《ごんのたいじょう》となった井上勝は「当省〔工部省〕官吏の着服は諸官省の如く羽織袴にては動作不便なるのみならず、器機運転の際災害も計り難ければ、予《かね》て仰出《おおせだ》されし非常服或は筒袖股引《ももひき》勝手次第に着用し、工場のみならず営中諸官省へも其儘《そのまま》出頭苦しからざるやう許可あり度」と太政官に稟申《りんしん》し、ただちに許可されたという（鉄道建設業協会編『日本鉄道請負業史　明治篇』）。

コストの安い狭軌道の採用

鉄道敷設を進めるにあたっては、まず軌間（ゲージ、左右のレールの幅）を決定しなければならなかった。日本政府は建築師長モレルの進言によって、三フィート六インチ（一〇六七ミリメートル）の狭軌道を採用することにした。当時イギリスではゲージ論争が行われており、植民地など経済発展が遅れている地域では、イギリスなどの西欧諸国で採用されていた四フィート八インチ半（一四三五ミリメートル）の広軌道よりも狭軌道の方が適しているという議論が優勢であった。モレルの進言も、こうした議論を念頭においていたものと思われる。

井上勝も「殊《こと》に現下の勢にては広軌にて百哩《マイル》造るよりも狭軌にて百三十哩も造る方、国利尤《もっとも》多からん」と、敷設コストの安い狭軌道を採用して少しでも鉄道を延長すべきであると主張した。井上によれば、当時「我国の如き山も河も多く又屈曲も多き地形上に在りては、三呎《フィート》六吋《インチ》ゲーヂを適当とす」という意見が多数を占めており、四フィート八インチ半の広軌道では「過大に失し不経済」であると考えられていた（前掲「日本帝国鉄道創業談」）。

しかし、これには興味深い後日談がある。狭軌道は工業化の進展とともに輸送力不足を引きおこし、日清戦争（一八九四〜九五年）後には批判の矢面に立たされるようになった。井上勝はそうした批判に対して、反対論が渦を巻いているなかで鉄道敷設を進めなければならなかった当時の状況を考えれば、狭軌道の採用はやむをえなかったと反論した。そして、輸送力不足を解消するには、狭軌道のままでも複線にすればよく、それで「前途約二十年間は格別差閊《さしつかえ》なかるべき」と信じている。またどうしても広軌道に改良したいのであれば、「二條の鉄軌を三條」にしたり、貨車や客車の「車輪部に属する所のみを改修」したりするなどの「簡便」な方法によって対応できると強弁したのである（「井上子鉄道談」『東洋経済新報』第二号、一八九五年一一月）。

井上は一九〇〇年の段階でも、鉄道が「今日の如く発達するなれば、無論欧米の通り広軌道が適当だ」としながらも、鉄道の速成をはかるには「現行のゲーヂが或《あ》る意味に於《おい》ては適当」であると主張していた（前掲「車中の聞書き」）。しかし、日露戦争（一九〇四〜〇五年）後になると、

只慙愧《ただざんき》に堪へない事が一つある、夫《そ》れは我国に鉄道が出来てから四十年になる、其時なぜゲージを四呎《フィート》八吋《インチ》半の広軌にして置かなかつたのか、日清戦役には彼の様に勝ち、日露戦役にも彼の様に勝ち露国を満洲より追ひ払ふやうな進歩を我国に予期して居たならば、マサカ狭軌にしては置かなかつたにと、余は全く先見の明がなかつたのを頗《すこぶ》る愧《は》ぢて居る次第だ、

と述べている。これは『鉄道時報』（第五〇五号、一九〇九年五月）に掲載された井上勝の談話「先見の明なきを愧づ」の一節であるが、狭軌道を採用したことを心から悔いていることがわかる。日露戦争の勝利によって世界の五大国の仲間入りをした日本にとって、狭軌道は経済発展の大きな障害になると考えるようになったものと思われる。なお大隈重信も、狭軌道の採用を決定した当時はゲージに関する知識をもちあわせておらず、モレルや井上の意見にしたがって狭軌道の採用を黙認したが、のちに「狭軌にしたのは吾輩の一生一代の失策で

あった」と告白したという(前掲『日本鉄道創設史話』)。

仮開業と明治天皇の緊急乗車

一八七二年六月一二日(明治五年五月七日)、品川〜横浜間一四マイル六二チェーン(二三・八キロメートル)が仮開業し、一日二往復の旅客列車が走った。前日の一一日には三条実美、大隈重信、井上勝らが品川駅に集まり、仮開業を祝う式典を行っており、ほぼ一ヵ月後の七月一〇日(六月五日)には川崎、神奈川の両駅が開業した。そして、同年七月二日には「汐留ステーション」が「新橋ステーション」と改称され、東京〜横浜間鉄道の敷設工事はいよいよ最終段階に入った。

ところで同年八月一五日(七月一二日)、明治天皇は中国・西国方面の巡幸からの帰途、風波のため品川港に着岸できず横浜港に入港し、横浜から品川まで仮開業中の東京〜横浜間鉄道に乗車した。それからまもなくの同年八月二八日(七月二五日)、新橋〜品川間の線路がつながると、太政官は一〇月一一日(九月九日)の重陽の節句を期して、天皇臨席のもとに開業式を実施すると布告した。ここで注意しなければならないのは、すでに東京〜横浜間鉄道は開業し、緊急避難的とはいえ明治天皇も利用していたのに、それを「仮開業」とよんでいたことである。最初の鉄道の「正式な開業」には、あくまでも天皇臨席の上での式典を必要

イギリス製の1号機関車（鉄道博物館蔵）

としたということであろうか。

しかし一〇月一一日には激しく雨が降りつづいたため、開業式は三日ほど延期となり、一〇月一四日（九月一二日）に京浜間鉄道の開業式を迎えることになった。こうして「汽笛一声」が鳴り響いたが、日本の鉄道が一人前になるには、なお長い道のりがあった。鉄道開業五〇周年目の一九二二（大正一一）年、鉄道省は一〇月一四日を「鉄道記念日」と定めた。鉄道記念日は日本国有鉄道発足後の一九四九年には日本国有鉄道の記念日とされ、JR体制発足後もJRグループの記念日とされてきたが、一九九四年に運輸省（現・国土交通省）は「鉄道の日」と改称し、民鉄を含む全鉄道事業者の記念日とした。

天皇臨席の開業式

一〇月一四日の開業式当日は秋晴れのよい天気で、近代日本の門出を祝福するかのようであった。開業式は新橋駅と横浜駅の二ヵ所で行われ、両式場の飾りつけを英国人建築家ジョン・スメドレーに委託したところ、柱を緑葉で巻いて万国旗が張りわたされ、紅白の球灯がかけられた。紅白の球灯をかけたのは井上勝鉄道頭のアイデアによるもので、日本で洋式の装飾がなされたのはこれが最初であったといわれている。また、新橋停車場では周囲に木柵をめぐらし、井上の要望で三ヵ所に緑葉の大アーチがつくられた（前掲『日本鉄道請負業史 明治篇』）。

開業式には直衣《のうし》・烏帽子《えぼし》姿の明治天皇が午前九時に宮城を出て、四頭立ての馬車で新橋駅に向けて臨幸した。天皇は鉄道頭の井上勝から鉄道図一巻を受け取ると、午前一〇時に内外の高官を従えて新橋から横浜へ鉄道で向かった。岩倉具視、木戸孝允、大久保利通、伊藤博文らの姿がなかったのは、ちょうど岩倉使節団の一員として米欧回覧の旅に出ていて日本を留守にしていたからである。横浜駅での式典が終わると、天皇は新橋駅での開業式に出席するため正午に横浜駅を出発し、午後一時に新橋駅についた。

なお、横浜、東京の商人を代表して、横浜の式典では生糸売込商の原善三郎、新橋駅での式典では三井家八代目当主の三井八郎右衛門高福《たかよし》が祝詞を述べた。原は「当港ハ貿易首場ノ地」なので、「商旅ノ者共、其ノ仁恩ヲ蒙《こうむ》ル亦タ甚タ夥《おお》シ」と、京浜間鉄道が横浜貿易を促進すると述べた。興味深いのは、三井八郎右衛門高福の祝詞である。鉄道の開通は「今ヤ之〔東京〜横浜間〕ヲ瞬間ニ縮メ、貿易ハ勿論諸事便ヲ得ルコト」が多くなった。この鉄道が「全国ニ蔓布《まんぷ》ス」れば、「其便ニ依《よ》リテ人皆、隔遠ノ地ヲ近隣ノ如ク自在ニ往復スル」ことができるようになり、「国民和親ノ情因《よっ》テ厚ク、財貨融通ノ便因テ大ヒナランコト」は疑う余地がないと、鉄道の国家統一や経済発展に及ぼす影響の大きさを強調していた（前掲『日本鉄道史』上篇）。

開業式の模様は、イギリスの絵入り新聞（The Illustrated London News）など、海外メディアでも詳しくとりあげられた。開業式場の周辺や鉄道沿線には多くの民衆が押しよせ、混雑をきわめた。汽車は轟音《ごうおん》をあげながらとてつもない速さで走りぬけ、駅や車内では洋装の制服に身を固めた鉄道従業員がせわしなく振舞っていた。このような開業式を目《ま》のあたりにして、人びとは西欧文明が何たるものかを肌身に感じるようになった。

ところで初代建築師長モレルは、京浜間鉄道敷設工事のさなか肺結核の病に倒れた。そして、一八七一年九月にインドへの転地療養が認められ、明治天皇から療養費五〇〇〇円が下賜されたが、東京〜横浜間に鉄道が走るのを見ることなく、同年一一月五日に三〇歳という若さでこの世を去った。モレルの遺骸は、横浜の外国人墓地に夫人とともに眠っている。

新橋駅での開業式（『ファー・イースト』）

式場に到着した明治天皇

（『イラストレイテド・ロンドン・ニュース』1872年12月21日号）

変わる時間感覚と日常生活

鉄道の開業は、日本人の時間感覚を大きく変えることになった。それまでの江戸時代の不定時法では地域によって時刻が異なっており、もっとも小さい時間の単位は小半時（三〇分）であった。しかし、鉄道を規則正しく運行するためには、まず時間を全国的に統一しなければならず、また列車時刻表を見ればわかるように、鉄道の利用者には分単位の行動が求められた。鉄道の開業にともなって、西欧で使われていた定時法が日本全国一律に採用され、人びとは分単位の時間を意識しながら生活せざるをえなくなったのである。

鉄道の開通は、京浜間の沿線住民の日常生活にも大きな影響を与えた。一八七二年一二月九日（明治五年一一月九日）付の『東京日日新聞』によれば、横浜市民が東京新富町《しんとみちょう》の芝居小屋守田座に朝八時の汽車で出かけると、「却《かえっ》て府下神田辺より来る者よりは早」く九時ごろにはつき、打出し後は「夕車に乗じて横浜へ帰」ることが可能になった。芝居見物に日帰りで行けるなら、いっそのこと役者をよんでしまえということになり、一八七三年七月には横浜の高島町に岩井座が開場し、こけら落としに河原崎権之助《かわはらざきごんのすけ》（のちの九代目団十郎）、国太郎らが汽車でやってきた。また同年三月には落語家の三遊亭円朝が毎週汽車で往復して、相生町《おいちょう》三丁目の松本亭に来演した。そして一八七四年七月には港座が開場し、一四代中村鶴《つる》

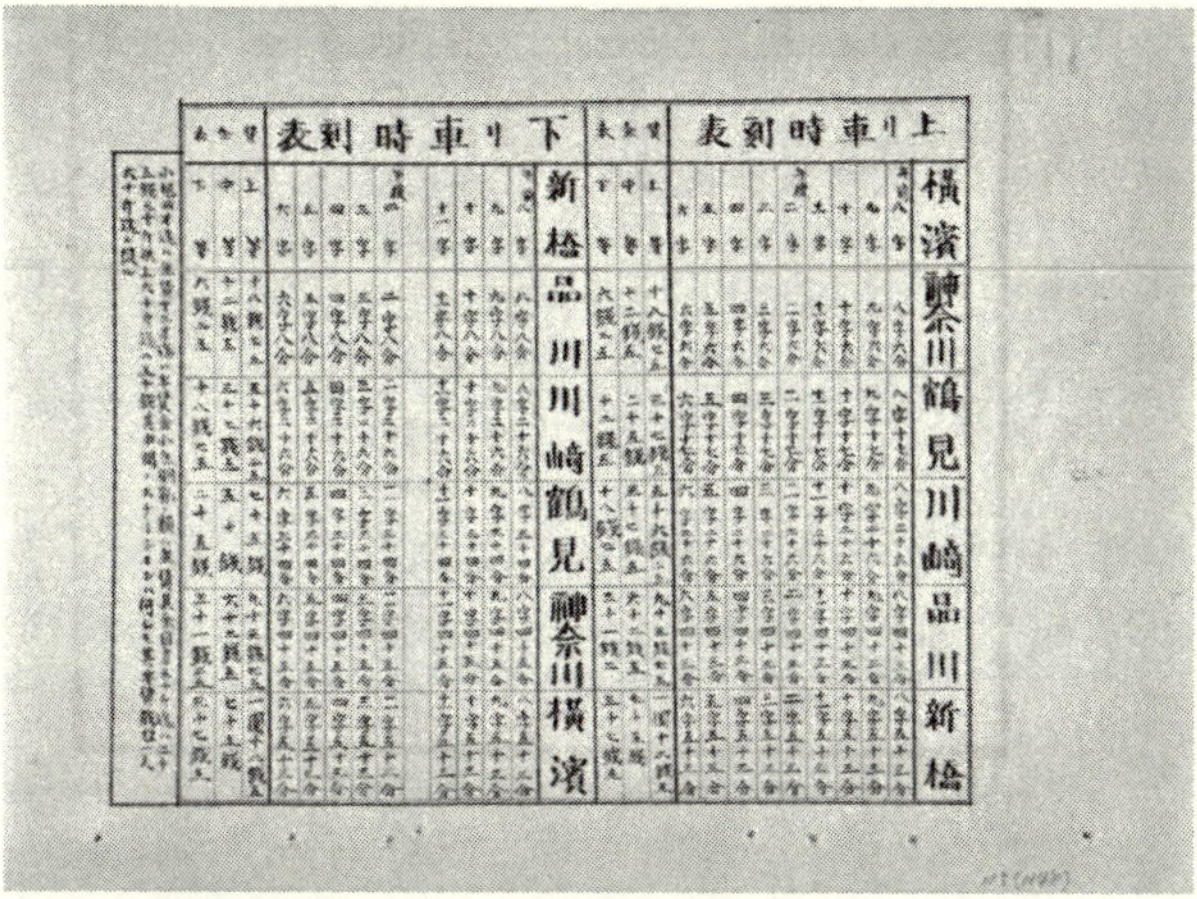

汽車出発時刻及賃金表（1872年の開業当時のもの）

助《すけ》、初代市川照蔵《てるぞう》らによる「近世開港魁《きんせいみなとのさきがけ》」などの狂言が組まれた（小関和弘「陸蒸気の衝撃――京浜間鉄道の文化史」）。

一八七三年七月の『新聞雑誌』（第一〇四号）にもおもしろい記事が掲載されている。それによれば、横浜在住のある婦人が小児を寝かしつけてから東京南品川で質渡世を営む三浦屋を訪ね、用事をすませて横浜に帰った。この間、ほぼ三時間を要したが「小児未ダ目ヲ覚サズ」という。いずれにしても京浜間鉄道の開通は、これまでの馬車や蒸気船とは比較にならないほどの大量高速輸送を可能とし、東京と横浜の間の地理的な空間の隔たりを一挙に縮めたのであった。

生麦《なまむぎ》村で代々名主を務めてきた関口家は、京浜間鉄道開通直後に所有していた人力車を売却した。関口家では鉄道を盛んに利用するようになり、人力車が不要になったものと思われる。関口家の当主は、一八七二年一一月五日、「証印税」を納付するため横浜の県庁に出かけたが、帰路には神奈川駅から鶴見駅まで鉄道を利用している。翌一八七三年二月一四日には、関口家の女性たちが子供を連れて東京に出かけ、鶴見駅から新橋駅まで鉄道に乗った。また同年六月二九日には当主が村人たちと東京に出かけ、博覧会を見学したのち帰宅しているが、このときにも品川駅から横浜駅まで汽車を利用していた（西川武臣『横浜開港と交通の近代化』）。

増え続ける乗客と貨物

一八七二年六月一二日（明治五年五月七日）の品川〜横浜間仮開業日には一日二往復の旅客列車が走っただけであったが、翌六月一三日には一日六往復、八月一一日（七月八日）からは八往復に増便された。これにともない列車の利用者が増え、七月の一週間あたりの乗客数は一万五〇〇〇人にも達したといわれている。さらに、京浜間鉄道開業式の翌日の一〇月一五日（九月一三日）からは一日九往復となり、旅客数も急激に増え、一一月四日から一〇日までの一週間の乗客数は二万六〇〇〇人をこえ、乗車効率は八五・九パーセントにものぼった。

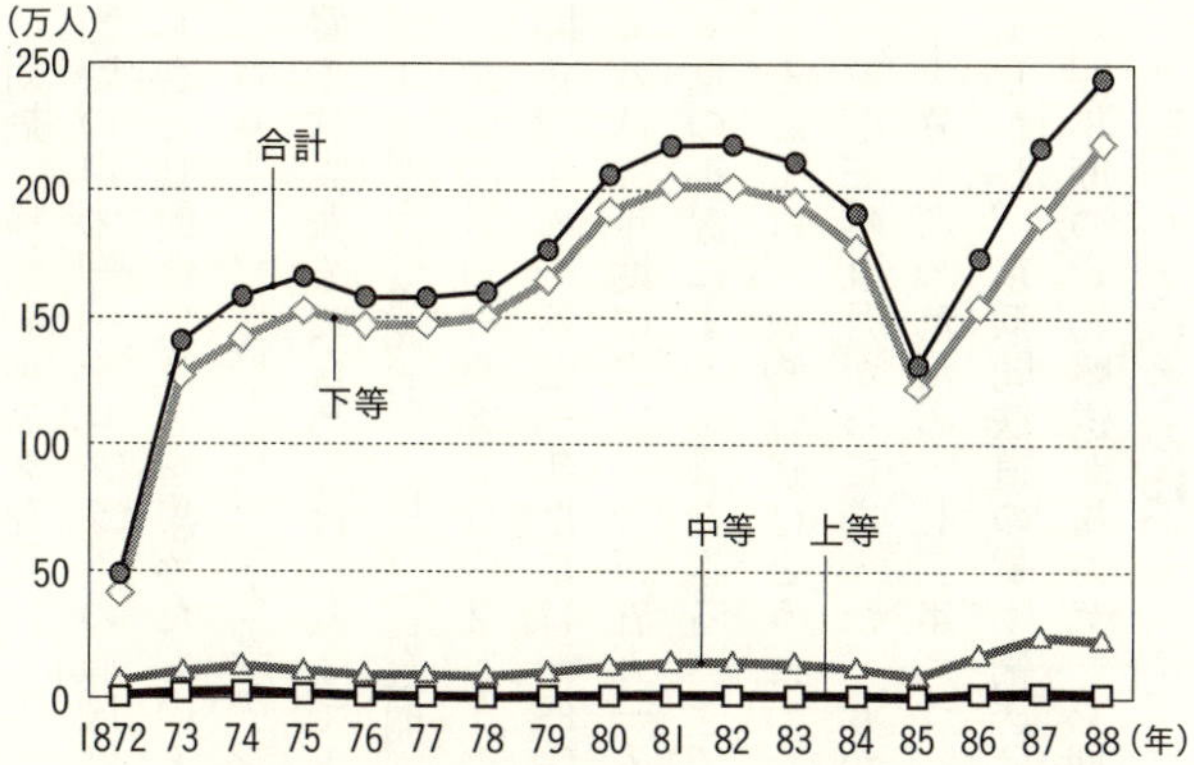

注：1872年度は5月7日～12月2日、73～74年度は1～12月、75～84年度は7月～翌年6月、85年度は7月～翌年3月、86～88年度は4月～翌年3月まで。

図2－1　京浜間鉄道旅客数の推移

出典：『日本国有鉄道百年史』第1巻。

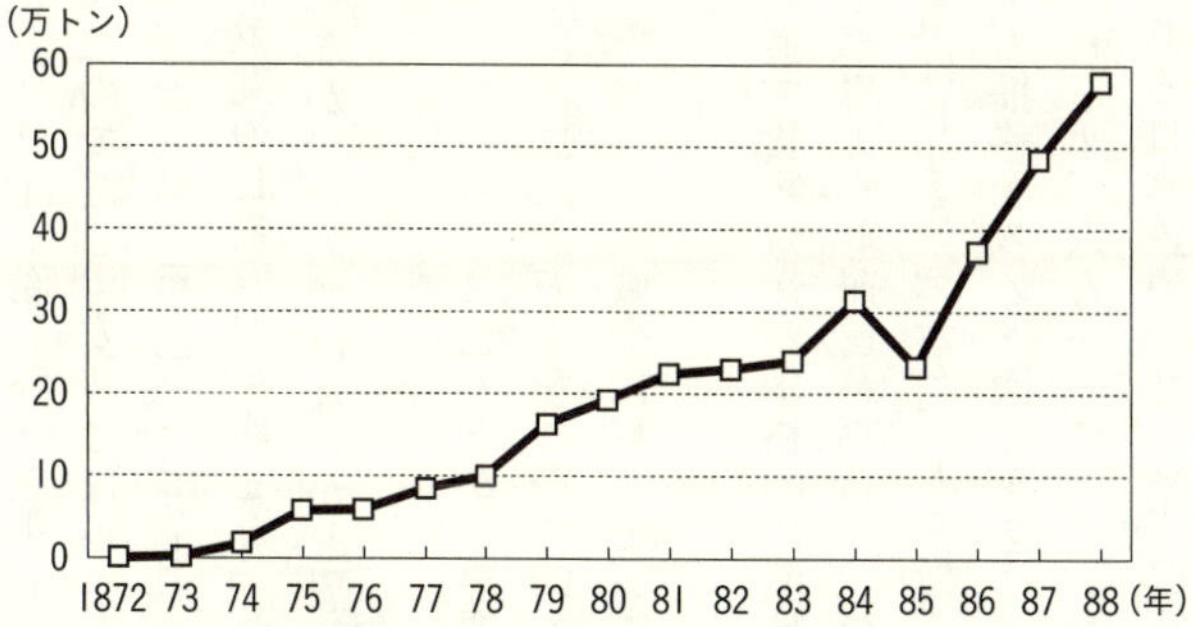

注：1872年度は5月7日～12月2日、73～74年度は1～12月、75～84年度は7月～翌年6月、85年度は7月～翌年3月、86～88年度は4月～翌年3月まで。

図2－2　京浜間鉄道の貨物輸送

出典：『日本国有鉄道百年史』第1巻。

新橋〜横浜間の旅客運賃は、上等一円一二銭五厘、中等七五銭、下等三七銭五厘であった。当時の白米一〇キログラムの値段は約三五銭であったので決して安くはなかったが、もの珍しさと利便性で乗客を集めたものと思われる。なお、蒸気船（三一銭二厘五毛）や人力車（六二銭五厘）の運賃と比べても高かったが、東京〜横浜間の日帰りが可能となったので、宿泊費や飲食費まで含めればこれまでとそれほど変わらなかったのではないかと思われる（原田勝正『明治鉄道物語』、前掲『横浜開港と交通の近代化』）。

京浜間鉄道の乗客数は図2－1のように順調に伸びている。ほとんどが下等運賃の旅客で、開業翌年の一八七三年度には一四〇万人、八〇年度には二〇〇万人をこえている。その後は一八八二年度に二二一万三五五一人となるが、これをピークに減少に転じている。松方デフレ期の不況による影響とみるべきであろうか。

それでは、貨物輸送はどうだったのか。京浜間鉄道で貨物輸送が本格的に開始されるのは一八七三年九月からであった。しかし在来の船舶や車馬よりも運賃が割高で、荷主の理解も不十分であったため、七三年（一〇八日間）の輸送量はわずか一三五一トンにすぎなかった。

しかし、京浜間鉄道の貨物輸送は漸次増加し、その推移をみると図2－2のようである。八四年度の貨物輸送が松方デフレ期の不況にもかかわらず、六万一一一六トンを記録してピークをなしているのは、この年に日本初の私鉄である日本鉄道会社の第一区線（上野〜高崎・前橋間）が開通し、輸出生糸の輸送が増加したためではないかと思われる。

日本初の私鉄・日本鉄道会社

日本鉄道会社の資本金は二〇〇〇万円、敷設計画線は東京〜青森間で、岩倉具視をはじめとする華士族層を主唱発起人とし、池田章政《あきまさ》ら四六一名の連名によって一八八一年五月に出願され一一月に特許された。池田は旧岡山藩主で華族銀行ともよばれた第十五国立銀行の頭取であった。日本鉄道は、資金調達では同行を中心とする華士族層に出資の多くを仰いでいた。また、政府から官有地の無償提供、民有地買収の代行、鉄道用地の国税免除、開業までの資金に対する年八パーセントの利子供与、開業後の年八パーセントの配当保証など手厚い保護がなされただけでなく、建設工事や営業も政府によって代行され、一九〇六年の鉄道国有化まで日本で最大の私鉄でありつづけた。

日本鉄道は一八八三年七月に上野〜熊谷《くまがや》間を開業すると、「熊谷ヨリ生糸ヲ搭載シテ午後四時三十分発ノ旅客列車ニ連絡、上野駅ニ送」った。これが日本鉄道の「貨物車運転ノ嚆《こう》矢《し》」であった（日本鉄道会社『第四回報告』）。また『東京経済雑誌』（第一七七号、一八八三年八月）も、日本鉄道上野〜熊谷間開通後の生糸輸送について「日本鉄道会社開通以来便益を被る者少なからず、就中《なかんずく》生糸の如きは是れまで熊谷より六千余斤ヲ一輛の車に積載せ三十五円を費せしも、鉄道開業以来荷車も一輛貸切にて運賃は全く十五円止まりし上運送甚だ速かにして其便利言はん方なしと荷主は大に喜び居るよし」と伝えている。日本鉄道の開業は、運賃の低廉化と輸送の速達をもたらし生糸輸送に大きく貢献したのである。

その後、日本鉄道第一区線は、一八八四年五月に熊谷〜高崎間、同年八月には前橋まで開業した。そして翌一八八五年三月一日には品川〜赤羽間の品川線が開業したので、上毛地方の蚕糸《さんし》業地帯は開港場横浜と鉄道で直結され、京浜地方への生糸の鉄道輸送が活発となった。

なお、北海道では開拓使が一八八〇年一一月に手宮《てみや》〜札幌間に官設鉄道を開業した。これは幌内《ほろない》鉄道とよばれ、幌内地方の石炭を小樽港手宮まで輸送することを主な目的としていた。新橋〜横浜間、神戸〜大阪間、大阪〜京都間、京都〜大津間につぐ、比較的早い時期の開業といえるが、アメリカ人技師クロフォードの指導によって敷設され、車輛もすべてアメリカ製のものを使用した。

幌内鉄道は、一八八二年一一月に札幌までの全線を開業したが、経営は不振で毎年北海道庁から補助を受けていた。そこで、鹿児島県士族の村田堤《つつみ》が一八八七年一二月に幌内鉄道の運輸を請け負い、幾春別《いくしゅんべつ》線の補足工事をしたいと請願し、道庁の許可を得た。村田は、一八八八年四月に幌内鉄道および幾春別鉄道の営業を開始し、その営業団体を北有社と称した。この段階で幌内鉄道は国有民営となった。しかし、その後一八八九年八月、侯爵徳川義礼《よしあきら》らによって北海道炭礦《たんこう》鉄道が設立されると、幌内鉄道は同社に払い下げられ、私設鉄道として経営されることになった。

II　関西圏を結ぶ――京阪神間鉄道

鉄橋と日本初の鉄道トンネル

大阪～神戸間二〇マイル二七チェーン（三二・七キロメートル）の鉄道敷設は、京浜間鉄道よりも約四ヵ月遅れで開始された。鉄道掛は、一八七〇年八月（明治三年七月）に大阪と神戸に出張所をおいて関西鉄道局と称し、阪神間鉄道の敷設に着手した。阪神間鉄道は着工が遅れたため、開業も京浜間鉄道より一年七ヵ月遅れの七四年五月であった。そのため、当初阪神間鉄道の敷設工事は京浜間鉄道と同一の仕様とされていたが、京浜間鉄道の六郷川橋梁が木橋であったのに対し、阪神間鉄道の神崎《かんざき》川や武庫《むこ》川には錬鉄製のトラスを用いた鉄橋が架けられるなど、両者の間にはいくつかの違いがみられるようになった。

また、大阪から神戸に向かって西宮を過ぎると、六甲山系から大阪湾にそそぐ石屋川、住吉川、芦屋川が見えるが、これらの河川には日本で最初の鉄道トンネルが開鑿された。しか

大阪駅の開業（1874年5月，毎日新聞社）

し、大阪〜神戸間の鉄道敷設工事を担当したのは、N・ノルデンシュテット、チャールズ・ハーディ、トーマス・グレーらのお雇い外国人であった。日本人技術者による鉄道敷設工事は、大津〜京都間の鉄道敷設までまたなければならなかった。

大阪駅を通過式とすべき

一八七一年八月（明治四年六月）には京都〜大阪間の測量が開始され、お雇い英国人建築師A・W・ブランデルが担当した。京都に出張所がおかれ、工部省出仕佐藤政養《まさよし》（与之《よの》助《すけ》）がその事務を管理した。この間井上勝は、大阪から京都を経て大津にいたる線路を測量し、七二年三月、大阪〜京都間のルート選定に関して工部省に「大阪西京間鉄道建築調書」を提出し、大阪駅を頭端式《とうたんしき》とせずに通過式にすべきであると主張した。

京都～大阪間については、神戸から大阪に入ってきた線路をそのまま吹田《すいた》を経て京都に向けて延長するという甲案と、いったん大阪から神崎まで後退させ、神崎で阪神間の線路と分かれて京都に向かうという乙案があった。乙案は大阪の始発列車および終着列車には便利であるが、京都～神戸間の直行列車は大阪でスイッチバックをしなければならない。井上は、これを採用すれば「大阪以東の交通は永く無限の不利を被らん」として、甲案の採用を主張した（前掲『子爵井上勝君小伝』）。建設費をみると、甲案一三一万四八四一ドル、乙案一二七万六三九三ドルで、乙案は神崎川、十三《じゅうそう》川の架橋を避けられるので甲案よりも多少低く見積もられていたが、甲案の方が「捷路《しょうろ》」（はやみち）であると判断され、一八七二年三月に採用された（前掲『日本鉄道史』上篇）。

こうして、外国人技師たちは大阪駅でスイッチバックする方式を採用すべきであるとしていたが、井上勝はこれをきっぱりと否定した。そのため大阪駅は通過式停車場となり、曽根崎《そねざき》に建設された。前掲『子爵井上勝君小伝』によれば、これが「邦人にして線路採択を云為《うんい》するの嚆矢」で、「外人為《た》めに呆然《ぼうぜん》」となったとされている。なお、京都～大阪間鉄道の敷設は一八七三年一二月に着工となり、お雇い英国人建築師ダイアック、ブランデル、ジェームス・エドワード・デー、ロジャース、シャンらが工事を分担した。

停滞する鉄道敷設

井上勝は、工部大輔の伊藤博文が岩倉使節団の一員として渡米欧中の一八七三（明治六）年七月二二日、願により鉄道頭《てつどうのかみ》を免ぜられた。伊藤の留守中、工部省を指揮したのは工部少輔の山尾庸三であったが、その掣肘《せいちゅう》に耐えられないとして井上が鉄道頭の辞任を申し出たのである。

しかし、伊藤が帰国すると、七四年一月一〇日、井上は説得されて鉄道頭に復帰した。二月一〇日、井上はさっそく伊藤工部卿に鉄道寮の大阪移転を建議し、それを実現させた。井上は、常時現場を巡回して内外従業者を督励し、七四年五月には大阪〜神戸間の鉄道工事を竣工、同月一一日に運輸営業を開始した。また、京都〜大阪間二六マイル六四チェーン（四三・一キロメートル）の鉄道も漸次竣工し、七六年九月には京都大宮通に仮停車場を設けて京阪間の運輸営業を開始した。開業式は、京都本停車場が竣工したのちの七七年二月に行われたが、これが「関西地方鉄道開業式の嚆矢」（前掲「日本帝国鉄道創業談」）で、日本の鉄道開業距離は創業以来約八年を費やして、ようやく東西あわせて約七〇マイル（一一二・六キロメートル）となった。

このように鉄道敷設は遅々として進まなかった。井上の鉄道頭復帰後の三年間に敷設されたのは京阪間鉄道のみで、ようやく軌道に乗るのは一八七八年に起業公債の発行が決定されてからであった。

鉄道敷設が停滞した要因としては、佐賀や萩での士族の反乱、さらには西南戦争や台湾征討などの対策に追われ、財政支出がかさんで鉄道敷設を推進するどころではなかったという事情が考えられる。しかし、政府が国内運輸網を沿岸海運中心に再編しようとしていたことも、鉄道の敷設が停滞する要因の一つであったと思われる。

大蔵卿の大隈重信は、一八七五年一月の「収入支出ノ源流ヲ清《す》マシ理財会計ノ根本ヲ立ツルノ議」において、「沿海運漕ノ便利ヲ開キ、内地物産ノ融通ヲ為《な》ス」と海運への重点的な保護を主張する一方、鉄道については不急の事業であるとして中止を訴えていた（早稲田大学社会科学研究所編『大隈文書』第三巻）。さらに、内務卿の大久保利通も同年五月に「本省事業ノ目的ヲ定ムルノ議」を太政大臣の三条実美に提出し、「海路ノ運漕ハ陸路ニ反シ其便宜ニシテ利益ナルハ、蓋《けだ》シ世界ニ冠タルヘシ」（『日本外交文書』第八巻）と、交通網の主軸を陸運ではなく海運におくべきであるとしていた。

大隈と大久保の海運保護の内容は必ずしも一致していたわけではなく、大蔵省と内務省の間で海運政策の主導権をめぐる対立もみられたが、ともあれ一八七五年に国内運輸網を沿岸海運中心に整備していくという方針が打ち出されていたことには注目をしなければならない。

そのため、着工中の京阪間鉄道をのぞいて、京都~敦賀間鉄道、東西両京間鉄道など、各地で進められていた鉄道の測量事業などは中止となった(小風秀雅「明治前期における鉄道建設構想の展開」)。

Ⅲ　海運網と連絡する鉄道――大津線と敦賀線

日本人のみによる大津線(大津~京都間)の敷設

一八七八(明治一一)年三月、内務卿の大久保利通は海運網と連絡する鉄道の敷設を重視する政策に転換した。すなわち、一二五〇万円の六分利付内国債(起業公債)の募集を決定し、募集実額一〇〇〇万円のうち大津~京都間鉄道建築費に一三三万三九一四円、米原《まいばら》~敦賀間鉄道建築費に八〇万円、東京~高崎間鉄道線路測量費に六〇〇〇円を振りむけたのである。

大津~京都間の大津線は、延長約一一マイル二六チェーン(一八・二キロメートル)であった。京都から賀茂《かも》川の左岸を南下し、稲荷《いなり》の南で東山山地の切れ目にそって東北方面に折れ、山科《やましな》盆地を東北に向かって斜めに進み、逢坂《おうさか》山に二一八一フィート(六六四・八メート

逢坂山トンネル（鉄道博物館所蔵）

ル）のトンネルを掘って大津に出るというルートをとり、一八七八年八月に着工となった。同線の工事は、お雇い外国人の手を一切の工事から引かせ、日本人の手のみでなしとげた最初の鉄道敷設工事であり、日本の鉄道土木工事における技術の自立という点からみて画期的であった。

　大津線の工事は第一区大津〜逢坂山間、第二区逢坂山〜山科間、第三区山科〜深草間、第四区深草〜京都間の四区に分けて進められた。そして、各区の工事を佐武正章《さたけまさあきら》、国沢能長《くにざわよしなが》、長谷川謹介《きんすけ》、千島九一《ちしまくいち》、武者満歌《むしゃまんか》、島崎（三村）周《しゅう》らの工技生養成所《こうぎせいようせいしょ》の第一回生が担任し、全体を飯田俊徳《としのり》が監督した。工技生養成所とは、のちほど詳しく述べるが、鉄道局長の井上勝が同局内に開設した日本人鉄道技術者の養成機関である。

工部卿の伊藤博文をはじめ、政府の幹部のなかには心配する向きもあったが、井上勝は「危ぶんで許り居《ばか》ては何れ《いず》の日に技術の独《ひと》り立ちが期せらるゝか」と、断固たる決意をもって決断し、現場の「初陣《ういじん》の連中を激励」してまわったという（『工学博士長谷川謹介伝』）。井上は早朝から草鞋《わらじ》、脚絆《きゃはん》をつけて工事現場をかけめぐり、巣立ったばかりの青年技術者たちを鞭撻《べんたつ》、激励したのである。

逢坂山トンネルの工事責任者は八等技手の国沢能長であったが、直接の工事は藤田伝三郎と吉山某が請け負った。藤田は、大阪の著名な実業家で土木請負業などを手がけていた藤田組の総帥《そうすい》である。また吉山某は、横浜の高島嘉右衛門の手代として京浜間鉄道の敷設工事に従事した経験をもっていた。ともあれ、このころから鉄道敷設工事における請負制が整備されていったとみられる（前掲『日本鉄道請負業史　明治篇』）。

大津線のうち、京都〜大谷間八マイル一一チェーン（一三・一キロメートル）は一年を経ずして完成したが、その先は逢坂山トンネルの掘削《くっさく》が必要となった。このトンネルは日本の鉄道建設史上、最初の山岳トンネルであった。しかし、工事はお雇い外国人の手をかりることなく、飯田俊徳（建築課長）、野田益晴《ますはる》（事務課長）を中心とする日本人技術者の手によってなされた。日本人技術者の手によって敷設された大津線の地形は、従来のどの線路よりも険峻《けんしゅん》であるといわれているが、総工費は六九万五〇〇〇余円（一マイル六万円）で、比較的廉価であったという。

敦賀線（敦賀〜長浜間）の敷設

鉄道局長の井上勝は大阪〜京都間鉄道の開業を間近に控えた一八七六（明治九）年二月、工部卿の伊藤博文に琵琶湖の湖岸から敦賀にいたる敦賀線速成の決断をせまった。一八六九年一二月の廟議決定による鉄道ネットワークの完成をみずからの使命とする井上にとって、敦賀線はなんとしても急いで敷設しなければならない路線であった。

敦賀は伏木《ふしき》や三国《みくに》などとならぶ日本海側の要港で、中世以来北陸地方と京阪地方を結ぶ物流の拠点として発展してきた。敦賀港から琵琶湖岸の塩津《しおつ》や海津《かいづ》には北海道や北陸地方の物産が馬背によって運ばれていた。井上勝が敦賀線の速成を主張するのは、同線の商品流通上の重要性を認識していたからでもあった。

敦賀線のルートについて、当初は琵琶湖北岸の塩津から敦賀にいたる路線が考えられていた。しかし、工部卿の井上馨が七九年八月に「塩津敦賀間鉄道建築之義ニ付伺」を太政大臣三条実美に提出し、塩津〜敦賀間に起業公債をもって鉄道を敷設しても採算がとれないとし、①大津から大垣《おおがき》に出て、そこから熱田《あつた》にいたる支線を敷設する、②東京から高崎にいたる鉄道を敷設する、③当分の間塩津〜敦賀間の鉄道敷設を見合わせ、その資金で諸県下の道路を修築する、の三つの代替案を示した。第三案は、工部大輔の山尾庸三が強く主張していた。政府内でも意見が分かれ、大蔵省は東京〜高崎間の鉄道敷設を主張したが、三条太政大臣は井上鉄道局長の意見を容《い》れ、同年一〇月に「米原《まいばら》ヨリ敦賀ニ達スル線路建築」を指令した。井上は、塩津〜敦賀間のみでは鉄道の機能を十分に発揮できないので、米原まで延長すべきであると主張していたのである。

井上は一八八〇年一月、「米原敦賀間鉄道線路西山村ノ辺ヨリ越前街道ニ沿ヒ木《き》ノ本柳《もとやな》ケ瀬《せ》ヲ経左折シテ敦賀路麻生《あそう》ロマテ変換ヲ要スルニ付意見書」を、同じ長州藩の出身で一歳年下の参議兼工部卿山田顕義《あきよし》に提出した。井上の意見書によれば、地形(勾配)や物産の多寡などからみて米原〜敦賀間鉄道は塩津経由よりも柳ケ瀬経由の方が有利であるというのであった。この結果、琵琶湖の湖上運輸との結節点も塩津から長浜《ながはま》に移されることになった。敦賀線は同年四月に着工され、八二年三月には柳ケ瀬隧道をのぞきすべて竣工した。同隧道が落成して、長浜《ながはま》〜金ヶ崎《かねがさき》(現在の敦賀港)間の敦賀線が全通したのは八四年四月であった。

大津と長浜を結ぶ太湖汽船会社

ところで井上勝は、琵琶湖の水上輸送を利用して敦賀線(大津〜敦賀間鉄道)を実現しよ

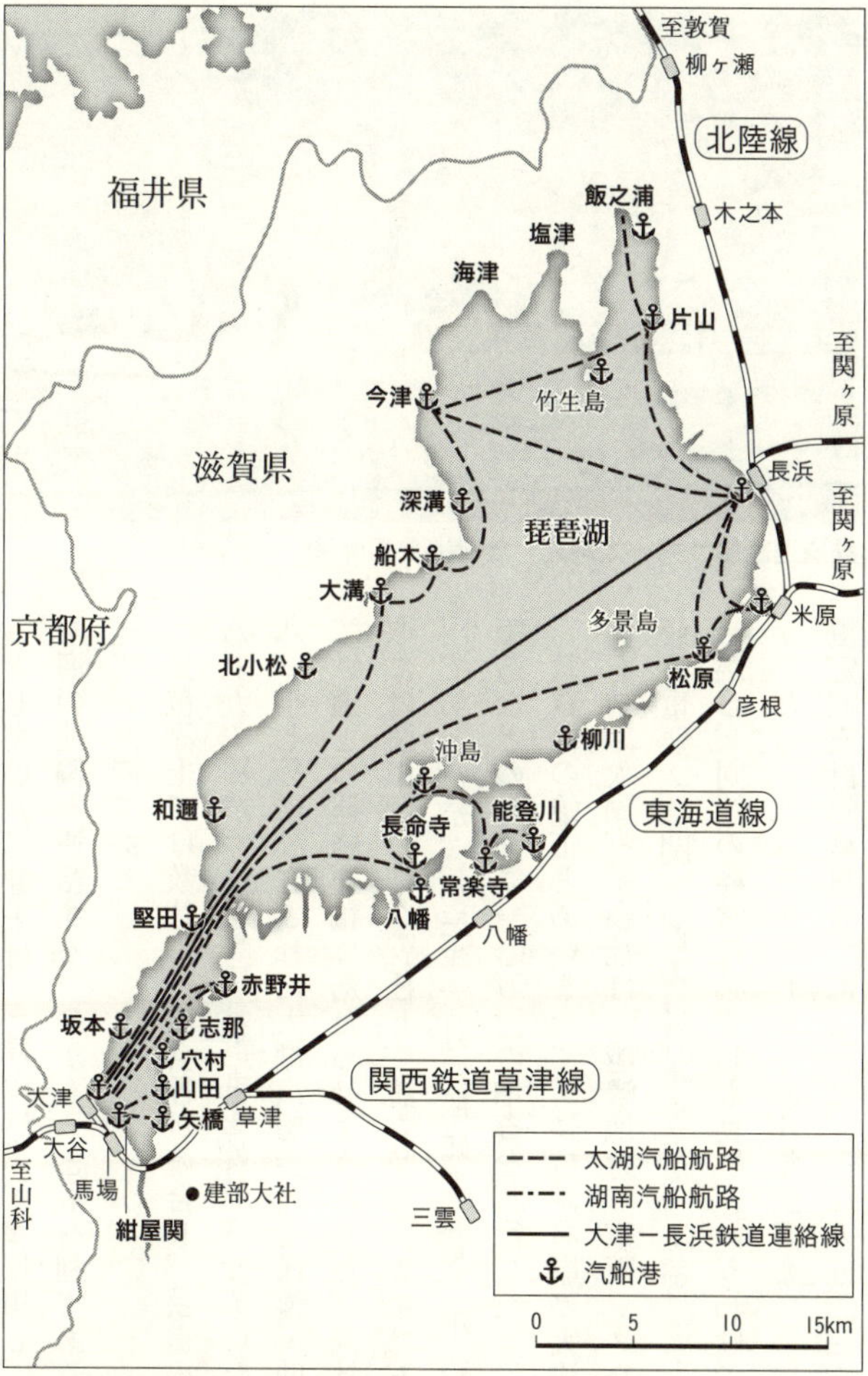

1889年東海道線全通時の航路と諸港

出典：『新修大津市史』第５巻。

鉄道連絡船「第一太湖丸」（鉄道博物館所蔵）

うとしていた。井上は、「湖上は汽船を使用し、南北両海の運輸を連絡する」のがもっとも有利であると考えていたのである。

琵琶湖上では数社の汽船会社が競合し、鉄道局も一八七九（明治一二）年に長浜丸を就航させていたが、八一年七月に設立された太湖《たいこ》汽船会社を保護・助成して鉄道との連絡運輸にあたらせようとした。同社の頭取には藤田伝三郎が就任し、設立時の資本金は五〇万円であったが、八三年六月に船舶の改良、小船渠《しょうせんきょ》の築造などのために一〇万円の増資を断行した。

敦賀線の竣工とあいまって、琵琶湖沿岸の大津と長浜を結ぶ太湖汽船会社は「越濃地方ト京阪トノ交通上最モ重要ノ機関」（前掲『日本鉄道史』上篇）となった。しかし、同社の経営は必ずしも良好というわけではなかった。一八八三年六月から八四年三月までの「実際勘定収支計算概算表」によれば、一二万五二四六円二九銭一厘の収入高に対して、営業費六万七七二五円二九銭一厘、改造・新造船積立金六五二五円八八銭二厘、平常船舶修繕費・非常積立金一万一五〇四円二〇銭で、純益金は三万九四九〇円九二銭六厘にすぎなかった。

太湖汽船会社の側では、経営不振の原因は「鉄道局トノ契約制限」にあるという立場から、資本金六〇万円の四割にあたる二四万円を政府が株金として下付するが、政府はこれに対する配当金の半額を受け取るだけにとどめ、残りは株主に割増するという保護を求めた。これに対して井上は、経営不振の要因は「昨年来世上一般ニ蒙《こう》ムル所ノ不景気」にあるが、発着時間や客貨運賃などの制約から生じる会社の損失についても考慮しなければならないとし、太湖汽船会社が積立金六パーセント、配当金一〇パーセントに満たざるときには、一万二〇〇〇円をこえない範囲で不足額を政府が補助すべきであるという意見を上申した（井上勝「(太湖汽船会社保護につき意見上申)」一八八四年七月）。政府は井上の主張を受け入れ、一八八四年一〇月、太湖汽船会社に政府補助を組み込んだ命令書を交付した。一八八四年四月には柳ヶ瀬トンネルが開通し、長浜～金ヶ崎（敦賀港）間が全通していたので、琵琶湖上の水運をはさんで敦賀と大津が結ばれた。

このようにして一八六九年一二月の廟議決定になる鉄道敷設計画のうち、東京～横浜間、大津～京都～大阪～神戸間についで、大津～敦賀間の鉄道が完成した。残されたのは東西両京間鉄道の全通であった。

Ⅳ　日本人技術者の養成

工技生養成所と工部大学校

大津線、敦賀線の敷設を経て日本の鉄道敷設技術は自立に向かったが、そこで活躍したのは、工技生養成所や工部大学校で養成された日本人技術者たちであった。彼らを養成した工技生養成所と工部大学校の成り立ちについてみておくことにしよう。

鉄道局長の井上勝は、日本人技術者による鉄道敷設を一日も早く実現するためには実地研修だけでは不十分と考え、少書記官の飯田俊徳や京神間建築師長のT・R・シャービントンらとはかって、一八七七（明治一〇）年五月、大阪停車場の二階を教室にあてて工技生養成所を創設した。工技生養成所では、鉄道局在勤の少壮者のうち英語、数学の素養のある者を選抜し、公務のかたわらシャービントンが作成したカリキュラムにならって数学、製図、力学、土木学一般、機械学大要、鉄道運輸大要などを教授した。教壇には、飯田俊徳、シャービントンおよび建築師E・G・ホルサムらが立った。飯田は、井上勝と同じ長州藩士で、吉

工技生養成所の人びと（1881年4月）
前列左から鶉尾謹親、武者満歌、飯田俊徳、シャービントン、三村周、松井捷悟、本間英一郎、後列左から国沢能長、長谷川謹介、千種基、佐武正章、長江種同、木寺則好、千島九一（日本国有鉄道編『日本国有鉄道百年史』第1巻より）

田松陰の門に学び一八六七（慶応三）年にオランダに留学して土木工学を修め、一八七四年に帰国して鉄道寮に入るという経歴をもっていた。第一回生は、長江種同《しゅどう》、武者満歌、千島九一、島田延武、木村懋《つとむ》、鶉《うずら》尾《お》謹親《きんしん》、木《き》寺《でら》則好《のりよし》、佐武正章、島崎（三村）周、松井捷悟《しょうご》、国沢能長、長谷川謹介の一二名であった。

第一回生は一八八〇年に卒業するが、第二回生からは鉄道局内の勤務者ではなく、外部から希望者を募り、中学卒業程度の幾何学、英語などの試験を実施し合格者を入学させた。入学者には「工夫」名義で日当三〇円を支給し、もっぱら測量、力学、機構学を学習させ、一八八一年に卒業すると同時に実務につかせた。

第二回生は吉田経太郎《つねたろう》、吉山《よしやま》魯介《ろすけ》、佐藤謙之輔《けんのすけ》、金田秀明、入江謙治、岸本順吉、西大助、小松秀茂、岡田時太郎《ときたろう》、石黒（本島）勇太郎、中野賛充、古川晴一《せいいち》の一二名で、飯田俊徳が一人で教授にあたった。

工技生養成所は創設から五年目の八二年に閉鎖された。工部大学校が卒業生を多く出すようになったので、鉄道局で技術者を養成する必要がなくなったのである。工技生養成所の卒業生はいずれも技術官として任ぜられ、お雇い外国人にかわってその職務につくようになった。

工部大学校は、一八七一年九月に設けられた工学寮が七二年四月に設置した工学校を前身としている。工学校は、初代建築師長モレルの建議によって開設されたもので、四年制の大学校とその予科にあたる二年制の小学校からなり、大学校の専門には土木、機械、造家（建築）、電信、化学、冶金、鉱山、造船の八科がおかれていた。いうまでもなく、鉄道敷設と深くかかわっているのは土木科であった。この大学校が、七七年一月に工学寮が廃止されると工部大学校となって工作局に属することになった。なお、工部大学校は八二年八月に工部省の直轄となり、八五年一二月に工部省が廃止されると文部省の所属となった。そして、八六年三月に帝国大学が設立されると東京大学工芸学部と統合され、工科大学となった。

井上勝と飯田俊徳は、イギリスやオランダなど海外留学を経て鉄道技術者となった。こうした海外留学組の技術者とお雇い外国人の尽力によって、明治一〇年代前半には日本人の鉄道技術者を養成する制度ができあがっていたのである。

お雇い外国人の問題点

鉄道創業期におけるお雇い外国人は、鉄道差配役（director、一八七七年二月以降は書記官〔secretary〕）、建築師長（engineer-in-chief）、汽車監察方（locomotive superintendent）、運輸長（traffic manager）などの高級職員から、石工、罐《かん》工、鍛冶《かじ》工、運転方（機関士）、ポイントマンなど日給払いの現場職員まで多岐にわたっていた。鉄道関連のお雇い外国人の数は、他の分野と比べて著しく多く、一八七四年には一一五名を数えた。彼らは、鉄道の建設計画から測量、諸施設や車輌の設計、列車計画と運転、保守にいたるまで、鉄道全般の指導と業務運営にあたっていた。その多くはイギリス人で、ついでアメリカ人、ドイツ人などであった。とくに官設鉄道の運営にあたり鉄道寮（局）に雇用された外国人のほとんどはイギリス人であった。

お雇い外国人にはさまざまな問題があった。まず、工事にさいして英語のできる者を「技手」としてしつけ、邦人工夫との間の通訳をさせなければならなかった。また仕事にも時間にも無駄が多く、労働能率もよくなかった。それにもかかわらず、お雇い外国人はおどろくほど高給で、赴任旅費や帰国旅費なども支払わなければならなかった。一八七〇～八六年における お雇い外国人の給料は、月額で鉄道差配役二〇〇〇円、建築師長七〇〇～一二五〇円、建築師・建築副役三〇〇～七五〇円、建築助役一六〇～四二〇円、汽車監察方三三〇～四五〇円、運輸長五〇〇～六〇〇円、書記官三二〇～五五〇円、倉庫方二五〇円以下、絵図師・書記役五〇～二〇〇円で、一八七七（明治一〇）年一月の日本人職工のうち鉄道局長が三五〇円であることと比べても、かなりの高給であったことがわかる（前掲『日本鉄道史』上篇）。

さらに外国人技術者の設計や施工は学理に偏する傾向が強く、実地に適せず国情を無視するきらいがあった。ここに、工部大学校第一回生の南清《みなみきよし》とお雇い外国人に関する興味深いエピソードがある。京都～大津間鉄道の敷設工事は、英国人技師のシャービントンとライマージョーンスが担当し、工技生養成所第一回生の国沢能長、長谷川謹介、佐武正章、木村懋がその部下として働いていた。南は佐武の受持区域内の琵琶湖畔の工事に従っていたが、英国人技師が立てた曲線標杭《ひょうぐい》が誤っていると指摘し、主任技師に意見を提出した。英国人技師は当初は無視したが、南が執拗に食い下がるので、測量機器を使って正否を実地に検分することになった。その結果、意外にも南の正しさが証明され、「英人は一言もなか」ったという（村上享一著・速水太郎編『南清伝』）。

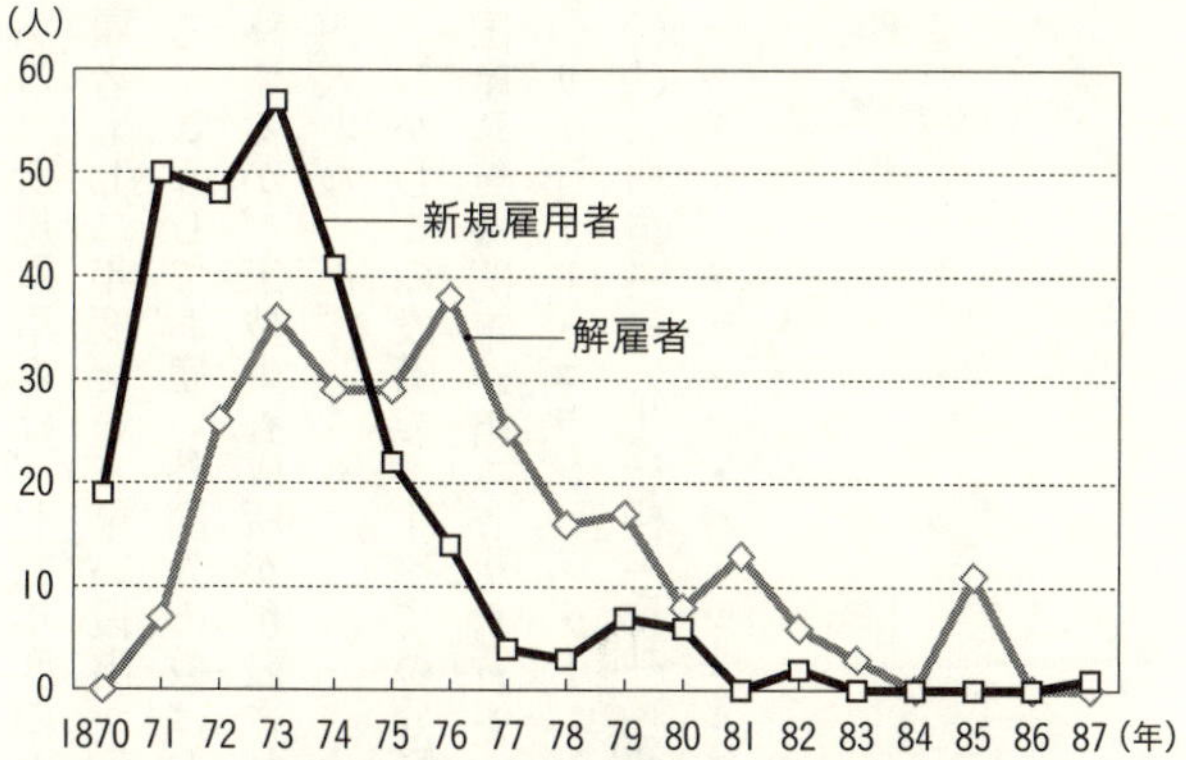

図2－3　お雇い外国人の新規雇用者・解雇者の推移

出典：野田正穂・原田勝正・青木栄一・老川慶喜編『日本の鉄道一成立と展開』日本経済評論社、1986年。

お雇い外国人の解雇

こうしたなかで、先に述べたように工技生養成所や工部大学校の開設によって、建設、工作、運転などの分野で日本人技術者が育ってくると、任期満了後は補充しないという方針がとられ、お雇い外国人の数は次第に少なくなった。これを推進したのは鉄道局長の井上勝で、「今ま一時に解雇しては、今後、果《はた》して日本人ばかりの手で、鉄道が建設出来るであろうか」などと心配する向きもあったが、それを「一刀両断的に、決行したのは、流石《さすが》、井上長官の長官たる所以《ゆえん》であ」ったといわれた（坂本生「長谷川謹介君（三）」『鉄道時報』第八四号、一九〇一年四月）。

図2-3は、鉄道部門におけるお雇い外国人の新規雇用者と解雇者の推移をみたもので

ある。新規雇用者は、七三年度の五七人をピークに早くも減少に転じている。それに対し解雇者も七二年度という早い段階から増加しはじめ、七六年度には三八人とピークを迎えている。こうしてお雇い外国人の数は七三年度に一〇〇人をこえ、七六年度まで一〇〇人台で推移するが、工技生養成所が創設された七七年度以降は著しく減少し、八七年度にはわずか一四人となった。

しかしこの段階で、すべての分野で日本の鉄道技術が自立したわけではなかった。最初の国産蒸気機関車が組み立てられたのは一八九三(明治二六)年のことで、しかもイギリス人のリチャード・フランシス・トレビシックの指導を仰がなければならなかった。また、一九〇〇(明治三三)年に起工された新橋〜東京間の高架線工事もドイツ人のヘルマン・ルムシュッテル、フランツ・バルツェルに委嘱しなければならなかったのである。

第3章 東海道線の全通——東と西をつなぐ幹線鉄道

Ⅰ　東海道経由か中山道経由か

東海道筋の調査

明治政府は、すでに述べたように一八六九（明治二）年には東京と京都を結ぶ東西両京間鉄道を敷設することにしていたが、その経路については未定であった。東京と京都を結ぶ街道には東海道と中山道《なかせんどう》があるが、どちらのルートで敷設するのかという問題である。東海道は、東京の日本橋から神奈川、静岡、愛知、三重、滋賀の諸県を経て京都の三条大橋にいたる、約四九五キロメートルの街道である。一方、中山道は同じく東京の日本橋から埼玉、群馬、長野、岐阜の諸県を経て滋賀県の草津《くさつ》で東海道に合流する、約五〇六キロメートルの街道であった（京都までは約五三四キロメートル）。

東西両京間の幹線鉄道は、一八七一（明治四）年ごろまでは東海道経由の路線として考えられていたようである。東京～横浜間の開港場路線も、東海道経由の東西両京間鉄道の一部をなすものであった。政府が一八七〇年七月（明治三年六月）に、工部省出仕の土木司員佐藤政養（与之助）と小野友五郎を東海道筋の調査に派遣したのもそのためと思われる。

佐藤と小野は東海道筋の調査を終えると、一八七一年二月に「東海道筋鉄道之儀ニ付奉申上候書付」という報告書を提出した。その報告書に添付された「東海道筋鉄道巡覧書」によれば、二人は路線選定にあたってトンネルの掘削をできるだけ避け、山があれば迂回《うかい》して切割や掘割で対処するという方針のもとに、東京から熱田までは東海道を行き、熱田からは美濃路《みのじ》の西方を進んで中山道につないで京都に達し、京都からは淀川右岸を通るという総距離七八里二四町（約三〇八・九キロメートル）にも及ぶ経路をたどった。

東海道は江戸時代以来の輸送の大動脈で、陸運はもともと整備されていたが、海運でも東京〜神戸（大阪）間にはアメリカの太平洋郵船会社の蒸気船をはじめ、数社の外国船が旅客・貨物の輸送に従事し、回漕《かいそう》会社の業務を引き継いだ回漕取扱所も東京〜大阪間に蒸気船による定期航路を開設していた（日本経営史研究所編『日本郵船株式会社百年史』）。そのため多額の資金を費やして東海道筋に鉄道を敷設しても、それほど利用度は高まらない。それに対して中山道筋には「運送不便ノ地」が多いので、東西両京間鉄道を中山道経由で敷設し、ところどころに「枝道《えだみち》」をつければ「産物運送、山国開化ノ一端」になる。佐藤と小野は、このように述べて東西両京間鉄道を中山道経由で敷設すべきであると結論した。

ボイルの「中山道線調査上告書」

東海道筋の調査を終えた小野友五郎は、休む間もなく一八七一年四月（明治四年三月）、今度は中山道筋の調査・測量に着手し、七三年六月には板橋から多治見《たじみ》までのルートを再調査した。その翌年には、モレルの後任の建築師長リチャード・ウイカルス・ボイルも中山道筋の調査・測量を試みた。

ボイルは一八七四年五月に神戸を出発し、京都を経て中山道に入り、そこから高崎に出て新潟まで往復し、同年八月に東京についた。ついで翌七五年の九月、横浜を出発して高崎を経て中山道を踏査し、一一月に神戸に戻った。ボイルの中山道調査は合わせると約半年に及んだが、その結果を一八七六年九月に「中山道線調査上告書」としてまとめ、政府に報告した。

ボイルは、

東海道ハ全国最良ノ地ニシテ海浜ニ接シ水運ノ便アリ、之《これ》ニ反シ中山道ハ道路嶮悪《けんあく》ニシテ運輸不便ナルヲ以《もっ》テ之ニ鉄道ヲ敷設スレハ広大ナル荒地ヲ開拓シ且《か》ツ両京及南北両海ノ交通ヲ容易ナラシムヘシという趣旨の報告をし、東西両京間鉄道は東海道経由ではなく中山道経由で敷設すべきであるとした（前掲『日本鉄道史』上篇）。

ボイルによれば、海運の便のある東海道筋に鉄道を敷設することは二重投資になるといわれても仕方がない。鉄道の敷設が必要なのは東海道筋ではなく山間地で交通の便の悪い中山道筋であり、鉄道敷設によって中山道沿線の産業開発が進めば日本経済にとっても有益であるというのである。このように述べてボイルは、①東京〜高崎間（約六六マイル〔一〇六・二キロメートル〕）、②高崎〜松本間（約八〇マイル〔一二八・七キロメートル〕）、③松本〜中津川間（約七〇マイル〔一一二・六キロメートル〕）、④中津川〜加納《かのう》（現・岐阜）間（約五五マイル〔八八・五キロメートル〕）の四区に、加納から米原、大津を経て西京にいたる七〇マイル（約一一二・六キロメートル）の路線を加え、およそ三四五マイル（五五五・一キロメートル）からなる中山道経由の東西両京間鉄道を敷設すべきであると結論づけた（同前）。

ボイル（鉄道博物館所蔵）

優位になる中山道経由論

工部省出仕の佐藤と小野の調査、さらには建築師長のボイルの調査によっても東西両京間鉄道は東海道経由ではなく中山道経由で敷設すべきであるとされており、中山道経由論が次第に優位となった。

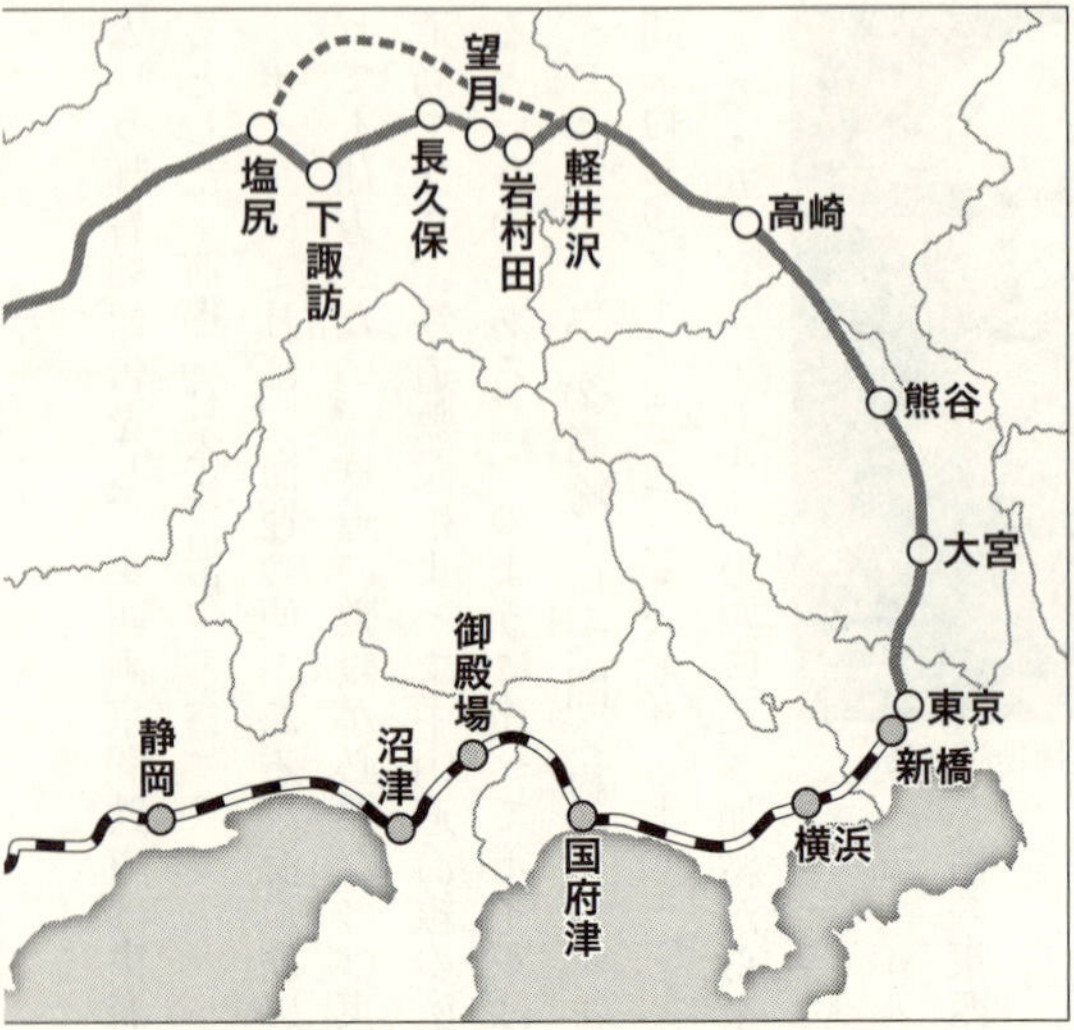

井上勝鉄道局長も、ボイルの「上告書」によりながら東海道と中山道を比較し、東西両京間鉄道は「中仙道ニ向ヒテ之ヲ敷クノ外ナキモノト確信」したという（井上勝「大垣ヨリ高崎マテ幹線鉄道布設ノ儀ニ付具状」一八八三年八月一七日）。井上はボイルの調査に絶対的な信頼をおいており、東海道と中山道についてほぼつぎのように認識していた。

東海道には峻険な箱根の山や、富士川、安倍川、大井川、天竜川などの大河があり、鉄道の敷設は簡単ではない。また東海道の大半は海浜に沿い、土地も平坦《へいたん》なので「舟楫《しゅうしゅう》馬車ノ利、共ニ相通セサルナシ」という状況で、この

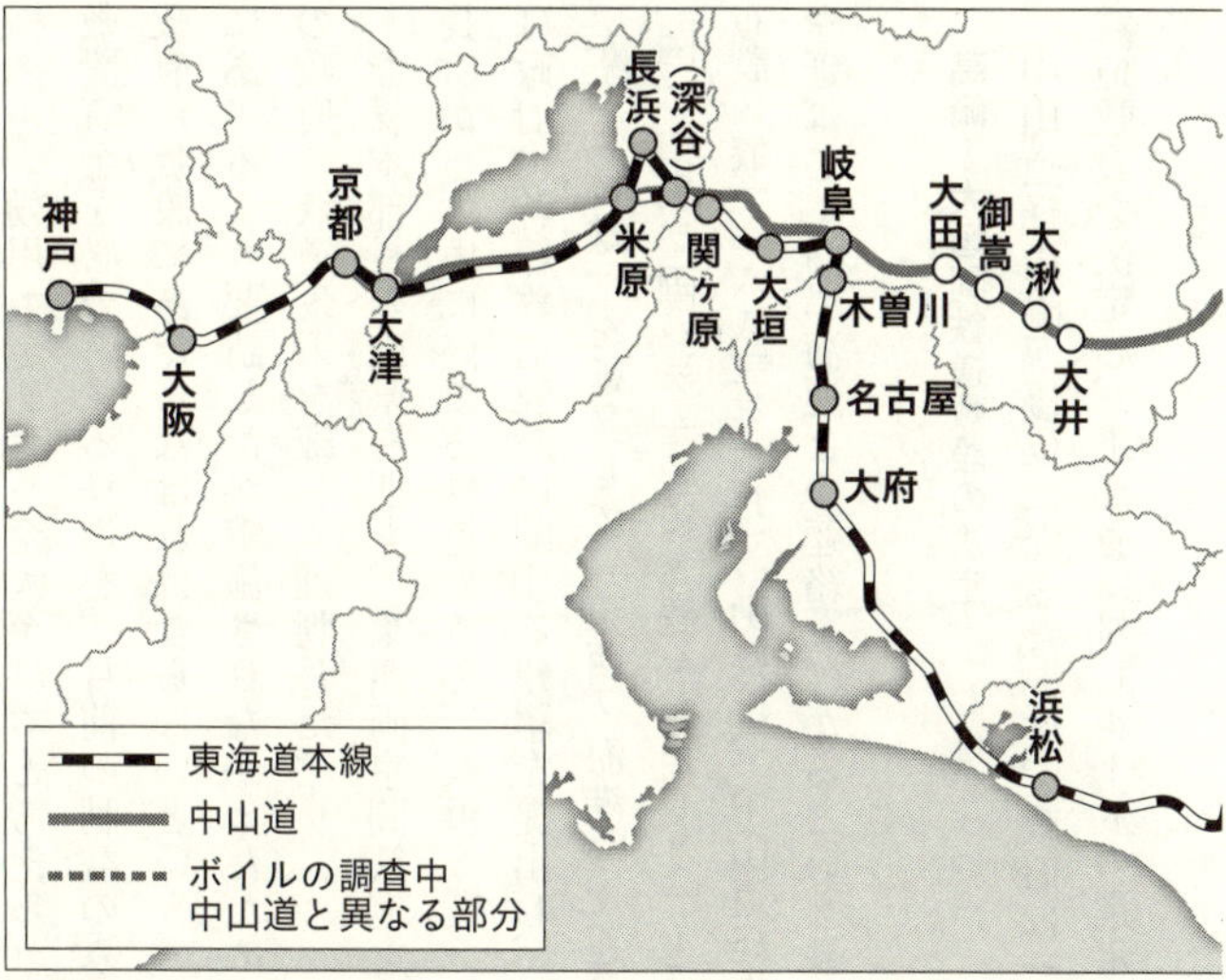

東海道ルートと中山道ルート

上さらに鉄道を敷設する必要はない。

一方中山道については、日本列島の内陸部を縦貫しており、もしここに鉄道を敷設すれば「沿線左右ノ数国ハ為《た》メニ運搬ノ便ヲ拡《ひろ》ムル僅少ナラス」とみていた。つまり井上は、中山道鉄道の地域開発効果に期待を寄せていたのである。

井上は、東西両京間鉄道としての中山道鉄道を、官設鉄道として敷設しなければならないとも考えていた。中山道鉄道の路線距離は約一〇〇里（三九二・七キロメートル）で、敷設経費を一里につき一五万円と見込むと一五〇〇万円にものぼる。それにもかかわらず敷設を主張するのは「両京ヲ直接連絡スルノ効用ニ至リテハ至大至洪《しだいしこう》」と考えられるからであった。そして、このように巨額の敷設資金を必要とする鉄道を、目前の利益のみをめざす私設鉄道が敷設するのは困難であり、政府が敷設にあたらなければならないという。また、政府に鉄道の収益を「線路拡充ノ費」にあてるよう要請したが実施されなかったため「鉄道事業ノ萎靡不振《いびふしん》」が生じたと、この間の政府の鉄道政策を厳しく批判した。

参謀本部長の山県有朋《やまがたありとも》も、東西両京間鉄道を中山道経由で敷設すべきであると考えていた。長浜から大垣にいたる鉄道のうち、長浜～関ヶ原間が開通した翌月の一八八三年六月、山県は政府に幹線鉄道敷設に関する建議を提出し、まず「東西二京ノ間ニ一ノ幹線」を敷設し、「左右ニ枝線」を延長して「東西ノ海港」を連接すべきであるとし、幹線の位置については「国ノ中央ヲ画シテ一幹線ヲ置ケハ足レリ」と述べている（山県有朋「山県参議建議幹線鉄道布設ノ儀」一八八三年六月）。山県は、中山道経由で鉄道を敷設し、そこから主要港湾に支線を延ばして沿岸海運との連絡をはかるという鉄道網を構想していたものと思われる。

高崎～大垣間鉄道敷設の決定

中山道経由論が優位になるなかで、政府は一八八三（明治一六）年八月に高崎～大垣間の鉄道敷設を決定し、工部省に対しルートの選定を命じた。これまで財政の制約などから遅滞していた東西両京間鉄道の敷設が、ようやく具体的な日程にのぼることになった。

同年一二月には、高崎～大垣間鉄道の敷設資金を調達するため、太政官布告第四七号をもって中山道鉄道公債証書条例が制定された。中山道鉄道公債の年利は七分、発行限度額は二〇〇〇万円であった。中山道鉄道の早期着工を政府に要請してきた鉄道局長の井上勝はよほどうれしかったらしく、のちに「予か当日の歓喜は生涯に又と無き事なりし」と回想している（前掲「日本帝国鉄道創業談」）。

中山道鉄道公債の募集では入札公募制度が導入され、一八八四年三月、六月、八五年七月の三回に分けて公募が行われた。第一回募集では公債の発行価格は九〇円、募集額は五〇〇万円であったが、応募平均価格は九〇・〇一円、応募額は八三七万六〇〇〇円にのぼった。第二回募集でも発行価格は九〇円、募集額は五〇〇万円であったが、発行価格以上の申し込みはすべて募入することになっていたので、募集額を一〇〇〇万円に増額した。応募平均価格は九〇円〇四銭で、応募額の合計は一五二八万四〇〇〇円であった。

このように中山道鉄道公債の募集は順調に進んだ。これほど人気を博したのは、「積年の不景気により金融緩慢にして、更に運転の途《みち》なき為め空《むな》しく金庫に積置《つみおか》んより公債でも買はんと」考えられたからである（「中山道鉄道公債」『東京朝日新聞』一八八四年六月五日）。そこで、第三回募集では発行価格を九〇円から九五円に引き上げた。しかし、それでも応募平均価格は九五円二三銭で、応募額は募集額の五〇〇万円を大幅に超過し一四七六万九〇〇〇円となった。

ところで東西両京間鉄道として中山道鉄道が採択されたのは、山県有朋らの軍首脳部が海上からの攻撃を受けやすい東海道線を忌避したからであるとしばしば説明される。しかし、山県の建議のなかにこうした主張はみられない。鉄道敷設において、海岸からの隔離という主張が初めてみられるのは、一八八五年に招聘《しょうへい》されて来日したドイツ帝国の軍人メッケル少佐が、八七年一月から三月ごろにかけて執筆したとされる「日本国防論」においてである。参謀本部はこのころに開始された東海道線の敷設にさいして鉄道局と協議し、線路を海岸から隔離して敷設することを要請したのである。海岸からの隔離策は、少なくとも東西両京間鉄道を中山道線に決定するさいの有力な根拠になったとはいえないようである（松永直幸「中山道鉄道の採択と東海道鉄道への変更」）。

II　中山道鉄道の敷設

東京〜高崎間鉄道

中山道鉄道の一部をなす東京〜高崎間鉄道は、日本鉄道会社の第一区線として敷設されることになった。同社は東京〜高崎間を敷設したのち、同区間から分岐して青森まで東北縦貫鉄道を敷設するという計画を立てていた。しかし「技術人ニ乏《とぼ》シク器械未《いま》タ備ハラス」という状況で、ただちに着工することができなかったため、第一区線の敷設工事については「挙《あげ》テ之ヲ政府ニ依頼センコト」を決議した（日本鉄道会社『第一回実際報告』）。そして一八八一（明治一四）年六月に願書を提出し、一一月に設立の特許を得た。

日本鉄道会社の第一区線は、第一部（東京〜川口間）、第二部（川口〜熊谷間）、第三部（熊谷〜高崎間）の三部に分けて敷設されることになった。まず第二部の川口〜熊谷間の敷設工事が八二年六月に始まり、九月に川口町で起工式が行われた。起工式には工部省や地方庁の官吏、沿線の株主など約二〇〇人が参列した。川口以北の敷設工事が進むなか、上野〜川口間の工事も始まり、八三年七月には上野〜熊谷間三八マイル（六一・二キロメートル）が竣《しゅん》工《こう》し、営業を開始した。

熊谷以北の線路は八三年五月に着工となり、一〇月に熊谷〜本庄間、一二月に本庄〜新町間が開業し、八四年五月の新町〜高崎間の開業をもって上野〜高崎間が全通し、六月に明治天皇臨席のもとに開業式が行われた。上野〜高崎間の所要時間は四時間ほどであった。さらに、八四年八月には高崎〜前橋間が開業し、日本鉄道第一区線上野〜前橋間六七マイル六七チェーン（一〇九・二キロメートル）が全通した。

しかしこの段階で、東京側の起点が上野に決まっていたわけではなかった。少なくとも鉄道局長の井上勝は、日本鉄道会社の起点は上野ではなく品川にすべきであると考えていた。井上は、八〇年一月から二月にかけて日本鉄道第一区線東京～高崎間鉄道の測量を試み、同鉄道の起点を「東京横浜線中ノ品川駅」にとるべきであると結論づけた。そして八一年一二月には、東京側の起点と日本鉄道第二区線を結ぶルートについて、品川駅から東京西郊を迂回して板橋に出て、そこから北上して荒川をわたって川口に達するルート（品川線）をとるべきであるとした（「（東京高崎前橋間鉄道線路実測図幷建築経費予算表）」一八八一年一二月）。

品川線は日本鉄道の敷設に要する資材の輸送にも有益であったが、幹線鉄道網の充実という点からも重要で、一八八四年一月に着工、八五年三月に開通した。途中駅は、渋谷、新宿、板橋で、三月から三往復の列車が運転されたが、その後まもなくして目黒、目白の両駅が開設され、列車の運転回数も一日四往復となった。東北方面への旅客列車の起点は上野駅であったが、品川線は上毛地方の生糸や繭《まゆ》の横浜への輸送に大きな役割を果たすことになった。

高崎～直江津間鉄道

一八八三（明治一六）年一〇月、太政官が高崎～大垣間鉄道の敷設を指令したため、高崎は中山道鉄道の東部側の起点となり、同年一一月には准奏任御用掛《じゅんそうにんごようかかり》の南清が高崎～上田間の測量を下命された。南はまず高崎～横川《よこかわ》間の測量を実施し、ついで一八八四年三月から横川～碓氷《うすい》峠間の測量に着手した。その結果、同区間には勾配が一〇分の一（一〇〇〇分の一〇〇）から四〇分の一（一〇〇〇分の二五）の線路があることが判明した。そこで南は、碓氷峠よりはるか南方に位置する和田峠経由に路線をとり、三マイルにわたる一〇分の一勾配区間はインクラインドプレーン（急勾配の斜面をまっすぐ登る鉄道）にしようと考えた。そうすれば経費は碓氷峠を経由する路線の三分の一ほどですみ、所要時間も節約することができるからである（前掲『南清伝』）。

高崎～横川間の工事は八四年一〇月に着工され、八五年一〇月に開業した。高崎駅は日本鉄道と共用することにし、途中には飯塚（現・北高崎）、安中《あんなか》、磯部《いそべ》、松井田《まついだ》、横川など五駅が開設された。松井田駅は一〇〇〇分の二五の勾配区間に設けられたため、日本で最初のスイッチバック方式を採用した駅となった。なお、磯部駅前には湯宿が軒を並べており、上野駅からほぼ四時間で行けるようになったので外務卿の井上馨らが別荘を建て、三菱の岩崎弥太郎もしばしばこの地を訪れるようになった（「岩崎弥之助氏」『読売新聞』一八八八年八月五日、「磯部温泉」『東京朝日新聞』一八九〇年七月二九日）。

この間八四年四月には、寺崎至《いたる》（新潟県西頸城郡《にしくびきぐん》糸魚川町《いといがわまち》〔現・糸魚川市〕、衆議院議員）、中沢与左右衛門《よざえもん》（長野県上水内《かみみのち》郡長野大門町、長野中牛馬会社）らの有志が信越鉄道会社を起こして、上田〜直江津《なおえつ》〜新潟間の鉄道敷設を請願した。鉄道局長の井上勝は、上田〜直江津間の鉄道は中山道幹線を海港に連絡する重要な路線であるので、官設鉄道として敷設すべきであると上申した。そしてさらに同年一〇月には、官設鉄道として敷設して中山道鉄道敷設のための資材運搬線とすべきであるとした。

その直後の一一月、信越鉄道の発起人一七名と、計画中であった北越鉄道の発起人総代四七名は、新潟、長野の両県令に対し再び上田から直江津を経て新潟にいたる鉄道を、中山道線と同時に着工するか、同区間に私設鉄道の設立を免許してほしいと請願した。それを受けて、両県令はただちに上申した。しかし、佐々木高行工部卿は翌一二月に私設を不可、上田〜直江津間には官設鉄道を敷設することとし、信越鉄道や北越鉄道の発起人に対しては直江津港を修築するよう求めた。

信越鉄道高崎〜直江津間は九三年一二月に全通し、新潟県の直江津から上野まで鉄道で結ばれることになった。その結果、人びとは新潟から汽船に乗って直江津に出て、直江津からは鉄道で東京に向かうようになり、北国街道、三国街道、会津街道および清水峠越新道など街道沿いの村々はさびれていった（大島美津子ほか『新潟県の百年』）。

関ヶ原～四日市間鉄道

敦賀～長浜間鉄道の関ヶ原までの延線工事は一八八二（明治一五）年五月に起工の下命を受け、八三年五月に竣工し運輸営業を開始した。同延長線は約一四マイル二五チェーン（二三キロメートル）で、一二の河川があるが川幅が広くないので架橋や築堤などの工事もそれほど困難ではなかった。しかし途中の信濃と近江の境には山谷があり、もっとも急な勾配は四〇分の一にものぼっていた。そのため岩石の開鑿《かいさく》や谿澗《けいかん》の埋立ては容易でなく、敷設資金は敦賀～長浜間の予算残額に通貨三〇万円、銀貨八万円の増額となった。

長浜～敦賀間鉄道の竣工は中山道の貨物輸送の便を大きく増大させたが、なおも十分ではなかった。井上勝によれば、さらに大垣まで鉄道を敷設し、そこから「東南ノ海港」である四日市《よっかいち》まで舟運でつなぐことが肝要であった。そうすることによって、「初メテ敦賀四日市ノ両港ヲ連接シ、水陸運輸ノ一大功用ヲ現出スル」ことができるというのである（井上勝「柳ヶ瀬関ヶ原間鉄道建築竣功ノ儀ニ付上申」一八八三年四月）。

一方、三重県令の岩村定高は、八三年一二月、内務卿山県有朋に「関ヶ原四日市港間鉄道布設之儀ニ付伺」を提出した。そこでは、四日市港が横浜港や神戸港と同様に「天賦《てんぷ》ノ良港」であるとされ、同港における「埠頭《ふとう》ノ築造」と関ヶ原～四日市間の鉄道敷設の必要が訴えられていた。岩村によれば、海港は「船舶碇泊《ていはく》ノ安否」のみでなく、「陸地運搬」の便を兼備することによって「初メテ良港ト」いえるのであった。そこで岩村は、築港と鉄道敷設のための資金募集計画を立てたが、築港と鉄道敷設という「二大事業」を「民力ニ任スル」のは「実ニ至難ノ事」であった。関ヶ原〜四日市間の鉄道敷設を「官費ヲ以速ニ御施行」するならば、築港を「民力」で起業することができる。しかし、やむをえず民力をもって鉄道を敷設する場合には、日本鉄道と同様の利子保証、あるいは鉄道敷設に必要な舶来品を政府が買い上げたうえで貸与し、代価は鉄道開業後の利益から支払うようにするなど「特殊ノ御保護」を、政府に仰がなければならないというのであった。

工部卿の佐々木高行はこの三重県令岩村の要請に対し、実に興味深い意見を述べている。佐々木は、関ヶ原〜四日市間鉄道は中山道鉄道の経営上必要であるが、四日市港ではなく名古屋に向けて敷設すべきであるとした。中山道幹線鉄道は「木曽《きそ》山ヲ貫キテ延布」することになっているが、数十里の線路が「木曽ノ渓間」にあり「地勢狭小」であるため、鉄道の効果を発揮できない。それゆえ「木曽山ノ東南」を迂回し、「三州伊那《いな》郡」を経由して関ヶ原〜四日市間鉄道と連絡するのが便利であると考えられるというのが理由であった（佐々木高行「（関ヶ原〜四日市間鉄道に関する意見）」一八八四年一月二八日）。佐々木は、この段階で中山道鉄道のルートを木曽谷経由ではなく、伊那谷経由で敷設する可能性を留保していたのである。

濃勢鉄道の出願

この間一八八四（明治一七）年四月には、三重県四日市から岐阜県垂井《たるい》にいたる鉄道の敷設と運輸営業を目的に、濃勢《のせ》鉄道会社の設立が出願された。発起人には、地元三重県桑名《くわな》郡の佐藤義一郎、諸戸清六《もろとせいろく》、三重郡四日市の田中武兵衛《ぶへえ》、稲葉三右ヱ門《さんえもん》、員弁《いなべ》郡の木村誓太郎《せいたろう》のほか、渋沢栄一や藤田伝三郎をはじめとする東京、大阪の錚々《そうそう》たる実業家が名を連ねていた。

三重県令岩村定高にあてて提出された「鉄道布設願書」によると、出願の意図はほぼつぎのようであった。四日市港は横浜港と神戸港の中間に位置する「枢要ノ良港」で、旅客と貨物が輻輳《ふくそう》している。数年前から三菱会社の汽船が定期航行をはじめ、共同運輸会社などの汽船や風帆船も出入しているが、長浜〜関ヶ原間鉄道の開通以来四日市に往復する旅客、貨物の数は「日ニ月ニ多キヲ加ヘ」ている。まもなく敦賀港から長浜を経て大垣にいたる鉄道も竣工すると聞いてはいるが、関ヶ原〜四日市港間は揖斐《いび》川舟運でつながっているだけである。そこで、四日市〜垂井間の鉄道を敷設して海陸連絡の便をはかり、四日市築港をも挙行したいというのである（岩村定高「伊勢国四日市美濃国垂井間鉄道敷設ノ儀ニ付伺」一八八四年四月一〇日）。

濃勢鉄道の資本金は一五〇万円（一万五〇〇〇株、一株一〇〇円）で、発起人が九九万二〇〇〇円を負担し、残りの五〇万八〇〇〇円を一般株主から募集しようとしていた。また、官有土地・家屋の無償貸与、民有土地の政府買上げと払下げなどを請願し、鉄道敷設工事も工部省鉄道局に依頼した。

鉄道局長の井上勝は、濃勢鉄道が京阪神地方から敦賀港にいたる官設鉄道に連絡すること、中山道鉄道の敷設工事に必要な資材の運搬に便なることから、関ヶ原〜四日市間鉄道は官設鉄道とし、敷設資金には中山道線建築費用の一部をあてればよいとした。また、四日市〜垂井間の四日市線は、中山道線からみれば「本線ヨリ岐分シテ四日市港ニ達スル一支線」であるが、敦賀港と四日市港を連絡するという点では「正シク幹線ノ性格」をもつことになるとして、幹線であるか支線であるかは相対的なものにすぎないとも述べた。

ただ井上が「官設」を主張しても、それは建設と営業のみに関してであって、資金調達を目的に濃勢鉄道の設立を特許すべきであるとしていた。井上は、民間資金を用いて政府が鉄道を敷設・経営し、利益は政府と民間で配当するという方法を考えていたのである。

Ⅲ　東海道線へのルート変更

原口要による東海道筋の再調査

一方このころ、東西両京間鉄道ルートの中山道経由から東海道経由への変更が画策されていた。東海道線への変更を最初に主張したのは二等技師の原口要《かなめ》である。原口はかねてから東西両京間鉄道について、「なぜ人烟稠密《じんえんちゅうみつ》、而《し》かも土地概ね平坦な東海道を措《お》き、天嶮《てんけん》を犯してまでも中仙道に布設することとしたであらう」という素朴な疑問をいだいていた。そこで東京〜横浜間鉄道の東海道への延長を企図し、中山道線の調査・測量をしてみると工事がきわめて困難であるということが判明した。その原口の調査結果を聞いた井上勝も中山道案に疑問をもち、東海道案に傾くようになったという。

つづいて原口は、横浜〜小田原間の踏査を試み、箱根湯本《はこねゆもと》の福住楼《ふくずみろう》に一泊した。福住楼の主人から「酒匂《さかわ》の渓《たに》に沿ふて登ると、御殿場を経て三島に出るに比較的勾配が緩かな道路がある」という話を聞いて出発してみると、示高器の針が海面上わずか一五〇〇尺（四五四・五メートル）を示し、工事は比較的容易ではないかと思われた。原口は帰京して井上に「函《はこ》根《ね》の嶮は決して恐るに足らぬ」と報告し、さらに東海道筋名古屋まで踏査をしてみたいとし

原口要（鉄道博物館所蔵）

て四〇日間の出張を願い出た（坂本生「原口要君（一～三）」『鉄道時報』第七二～七四号、一九〇一年一月）。

原口はさっそく部下で技手の山村清之助をともなって横浜を出発し、行く先々で軽便示高器を用いて地盤の高低を測り、とくに山北～御殿場間では一〇日間を費やして隧道《ずいどう》、橋梁《きょうりょう》の位置、長短および線路勾配を示した見取り図を作成した。また、富士川、宇都ノ谷《うつのや》、大井川、金谷《かなや》、天竜川、浜名湖など、工事が難しいと思われた箇所は残らず調査し、名古屋で既成の長浜～名古屋間の幹線鉄道に連絡をするという計画を立てた。そして、箱根で四〇分の一の勾配を用いる以外はことごとく一〇〇分の一以内の平坦線を敷設できるという「東海道線調査報告書」および図面を提出し、東海道線全線の敷設費を一〇〇〇万円と見込んだ。のちの原口の回顧によると、井上はこの報告書を読んで中山道鉄道から東海道鉄道への路線変更を決断したのであった（原口要「鉄道を以て生涯を貫ける井上子爵」『鉄道時報』第五六九号、一九一〇年八月）。

難渋する山間地帯の工事

中山道幹線の東京側では、一八八五（明治一八）年一〇月に高崎～横川間一七マイル八〇チェーン（二八・九キロメートル）が竣工し、横川〜軽井沢間の碓氷峠についても同年三月からルート選定のための測量が行われていた。また、八五年五月には資材運搬のための直江津〜上田間の敷設工事も着工となった。一方、京都側では、八四年五月に大垣〜加納間、翌八五年九月には加納〜名古屋間が着工となり、同年八月に着工された武豊《たけとよ》線も八六年三月に武豊〜熱田間を開通した。さらに八六年三月には、鉄道局が工事を委託された日本鉄道第二区線のうち、宇都宮〜白河間が着工となった。

中山道鉄道の敷設工事の遅れに焦りを感じていた鉄道局長官の井上勝は、一八八六年三月、内閣に「鉄道布設工事拡張之儀ニ付伺」を上申し、つぎのように報告した。

中山道鉄道の着工以来すでに二年余を経たが、何分にも山間地帯での工事であるため難渋している。横川〜軽井沢間は建築資材の運搬が困難をきわめ、敷設ルートを正確に調査しなければ資金を無駄に使ってしまうことになる。鉄道の拡張をはかるためには、横浜〜小田原間、神戸〜岡山間、あるいは東京〜八王子間のような利益のあがる鉄道を敷設しなければならない。

これに対して内閣書記官は、一八八六年三月二六日、鉄道敷設の主眼である「東北及中山道鉄道ノ速成ヲ計ラス、区々ノ小支線ニ着手セントスルハ策ノ得タル者ニアラス」と叱責《しっせき》し、「宜《よろ》シク当初ノ目的ヲ確守シ、速ニ其成功ヲ見ルヘシ」と当初の方針どおり東西両京間鉄道

の速成を促した。しかし、同時に、

若《も》シ然《しか》ラス土地ノ険難等ニテ当初ノ路線ヲ布設スル能《あた》ワサルコトアレハ、其理由ヲ明ニシテ後速ニ改線シ、主眼タル東京大阪貫通ノ目的ヲ達スルヲ可トス

と、理由を明らかにすれば「改線」してもよいと述べたのである（前掲「中山道鉄道の採択と東海道鉄道への変更」）。

すでに東海道の調査・測量については原口らに命じていたので、井上は一八八六年、三等技師の南清に中山道の調査・測量を命じた。南は、木村懋、森島左次郎《さじろう》、田中洵《まこと》、浅野玄《げん》、岡村初之助《はつのすけ》、武笠江太郎《ごうたろう》、磯長得三《いそながとくぞう》ら七人を引率して、わずか三ヵ月間で横川〜名古屋間の調査を実施した。その調査報告によれば、中山道ルートによる敷設工事には、なおも七、八年の期間を要し、開業後も傾斜の緩急によって所要時間や運転費に問題が生じるというものであった。

路線変更の決定

これらの調査結果を踏まえて、井上鉄道局長官は参謀本部長の山県有朋の了解を取りつけ

たうえで、総理大臣の伊藤博文に東西両京間鉄道のルート変更を相談した。すでに工部省は廃止され、鉄道局は内閣直属となっていたので、伊藤は井上の直属の上司でもあった。伊藤の了解を得ると、井上は一八八六年七月に「中山道鉄道ノ儀ニ付上申」を提出した。

それによれば、中山道線で東西両京間鉄道を敷設したとしても、工期に「今後七八年ヲ要シ、費額ハ一千五百万円ヲ用ヒテ線路僅カニ七八十里ヲ得」るのみで、線路は曲折が多く傾斜も「峻急」なので速力は「遅緩」となり、東京〜名古屋間の所要時間は一九時間にも達する。それに対して東海道線で東京〜名古屋間を結べば、距離も中山道線より二〇マイル（三二・二キロメートル）ほど短縮できる。地勢も箱根の険峻、天竜川、富士川、大井川などの大河をのぞけば「概ネ平坦」で、中山道線よりも工事ははるかに容易である。よって工期は中山道線の半分も要さず、費額も一〇〇〇万円以下で、開通後の所要時間は一三時間程度になる。井上には若干の躊躇《ちゅうちょ》があったが、「先《ま》ツ東京ト京阪間トノ連絡ヲ通スル」ことを優先すれば、得失があまりにも大きいので東海道線に変更すべきであると主張したのである。

井上の上申は七月一三日の閣議で可決され、翌日の上奏裁可を経て一九日の閣令第二四号の公布によって、東西両京間の幹線鉄道ルートが中山道線から東海道線へと変更された。こうして、東京〜名古屋間約四〇〇キロメートルにも及ぶ幹線鉄道の、着工後におけるルート変更が行われたのである。日本の鉄道史上、空前にして絶後の出来事であった。

Ⅳ　全通とその余波

路線変更から三年で全通

東海道鉄道は、中山道から東海道への路線変更を告示する閣令第二四号が公布されてからわずか三日後の一八八六（明治一九）年七月に着工となった。新たに敷設するのは、①横浜～熱田間、②馬場（膳所《ぜぜ》）～長浜間、③米原～深谷《ふかや》～関ヶ原間の三路線であった。

着工からわずか一年後の一八八七年七月、横浜～国府津《こうづ》間が開通した。東海道線が国府津まで開通すると、湘南《しょうなん》地方の別荘保養地、海水浴場あるいは観光地としての開発に拍車がかかった。横浜～国府津間鉄道が開通した翌日の『時事新報』には、国府津で鉄道を降りれば江ノ島・鎌倉まで「僅かに一里少余に過ぎず」、婦人の足でも「一時間を費やさざる」と、江ノ島・鎌倉観光が手軽になったことが報じられている。また、湘南地方の別荘保養地、海水浴場としての開発が本格化し、一八九四年刊行の野崎左文《さぶん》著『日本名勝地誌』には葉山、鎌倉、藤沢、鵠沼《くげぬま》、茅ヶ崎《ちさき》、平塚、大磯などが海水浴場として紹介されている（『湘南の誕生』藤沢市教育委員会）。

酒匂川第一橋梁（鉄道博物館所蔵）

　しかし、国府津から先の箱根越えが難工事であった。箱根越えの線路は原口要の念入りな測量によって箱根と足柄《あしがら》峠の北側を回ることになっていた。国府津から松田までは酒匂川に沿った平野部を進むのでそれほどの急勾配はないが、山北〜御殿場間は標高差が三四八メートルもあり、山北〜沼津間では二五パーミル（一〇〇〇分の二五）の急勾配が一六キロメートルもつづいた。結局、箱根越えには総延長二・一キロメートルに及ぶ七ヵ所の隧道を掘り、二〇ヵ所の橋梁を架けることになった。

　こうして国府津から御殿場、沼津を経て静岡にいたる区間が竣工し、八九年二月には静岡で開業式が行われた。さらに二ヵ月後には横浜〜大府《おおぶ》間、七月には大津〜長浜間（湖東《ことう》線）が開通し、新橋〜神戸間の東海道官設鉄道が全通した。東海道線は着工からほぼ三年で全通し、鉄道局長の井上勝が総理大臣の伊藤博文と約束したように、一八九〇年の帝国議会の開会に間に合い、「第一議会より議員を載せて走ること」ができた（前掲「日本帝国鉄道創業談」）。

東海道線の全通は東京、京都、大阪の三府間、横浜、神戸の二港間の時間距離を著しく短縮した。旧幕時代の嘉永年間における大名行列は江戸から大坂まで一九日を要していたが、東海道線全通後は東京～京都間一一時間二分、東京～大阪間一一時間五五分となった（鉄道院編『本邦鉄道の社会及び経済に及ぼしたる影響』上巻）。

鉄道一〇〇〇マイルと全国鉄道大懇親会

東海道鉄道が全通すると、日本全国の鉄道の開業路線は官私鉄合計一〇五二マイル（一六九二・七キロメートル）に達した。この時点で日本の鉄道網をみると、北は日本鉄道線が仙台、塩竈《しおがま》まで達し、西は山陽鉄道兵庫～姫路《ひめじ》間が開通していた。また、日本鉄道上野～高崎間と官設鉄道直江津線が、碓氷峠に阻まれていた横川～軽井沢間を残して直江津まで連絡していた。九州鉄道は未開業であったが、水戸、両毛《りょうもう》、甲武、大阪、阪堺《はんかい》の各鉄道が開業していた。そのほか北海道では幌内鉄道、四国では讃岐《さぬき》鉄道と伊予《いよ》鉄道が開業していた。

そこで、全国の鉄道会社が井上鉄道局長をはじめとする鉄道局員のこれまでの労苦をねぎらい、鉄道各社の懇親を深めることを意図して一八八九（明治二二）年七月一〇日に「全国鉄道大懇親会」を名古屋の料亭「秋琴楼《しゅうきんろう》」で開いた。幹事総代は日本鉄道会社の社長奈良《なら》原繁《はらしげる》で、日本鉄道のほか両毛、水戸、甲武、九州、山陽、関西、大阪、阪堺、讃岐の各鉄道会社の代表者一二〇余人、井上鉄道局長ほか鉄道局員三〇余人、日本鉄道創立委員の岩倉具視、伊達宗城、池田章政、高崎正風《まさかぜ》、万里小路通房《までのこうじみちふさ》、吉井友実《ともざね》らが集会した。

懇親会は午後七時過ぎから始まった。冒頭、幹事総代の奈良原は東海道線の全通によって「東は奥州塩竈より西は播《ばん》州姫路に至る迄《まで》、其他官私の諸鉄道を通計すれば已《すで》に一千哩《マイル》に達せしは実に日本の為めに祝賀すべき」であると祝辞を述べた。そして、それは「井上局長閣下首《はじ》めが諸般監督の宜《よろ》しきを得たるの結果」にほかならないと、井上勝をはじめとする鉄道局員の労苦をねぎらった。

答辞のあいさつに立った井上は、鉄道一〇〇〇マイルを祝賀するとともに、全国の鉄道会社の代表が一堂に会したことを喜んだ。しかしなお、日本の鉄道は欧米に比べれば、いやインドや南アフリカに比べても誕生したばかりの「嬰児《えいじ》」にすぎないと戒める。とはいえ、最初は誰もが「嬰児」であったのだから、「今日一千哩の祝典あるは即《すなわ》ち二千哩、三千哩に至るの階梯《かいてい》なり」と位置づけて、日本の鉄道がなおも発展しなくてならないと述べた（「全国鉄道大懇親会の景況」『東京経済雑誌』第四七九号、一八九九年七月）。

深刻な打撃を受けた日本郵船

一方東海道鉄道の開通は、旧来の宿駅に大きな打撃を与えた。一八八九(明治二二)年四月一七日付の『東京朝日新聞』は、東海道線の開通によって「其商売を損するものあるを如何《いかん》せん」と、旧宿場が衰退し、旅店、休息所、車夫らが職を失うことを心配している。宿場は人力車の開通によって衰微したが、人力車の一〇倍もの速力を有する鉄道が開通すれば「宿駅の衰微また十倍ならん」と、この問題の深刻さを訴えていた。しかし、鉄道が打撃を与えたのは旧宿駅だけではなかった。日本郵船など太平洋沿岸の内航海運が受けた打撃も深刻であった。

日本郵船会社は八五年に、郵便汽船三菱会社と共同運輸会社が合併して誕生した当時最大の海運会社であるが、東海道線の全通に危機感を募らせていた。東海道線の全通が同社の国内航路の経営を脅かすのではないかと考え、八七年三月、イギリスに船体の長さ三二〇フィート、深さ三五フィート、幅五〇フィート、吃水《きっすい》二五フィート、総トン数三〇〇〇トン余の鉄鋼船二隻を注文した。この鉄鋼船は三結気筒連成機罐《スリーシリンダー・コンパウンドエンジン》という新たに開発された機罐を備えており、速力が速く石炭の消費量は少なかった。造船費が二隻で一〇〇万円にものぼる高額な鉄鋼船を導入しようとしたのは、東海道線が全通すると横浜~神戸間の旅客・貨物は「大抵汽車に便を取」り、日本郵船は大きな損失をこうむると考えたからである。すなわち日本郵船は、「速力の快捷《かいしょう》なる汽船を得て二十時内外に横浜神戸間を往復し」、東海道線の全通に対抗しようとしたのである（「日本郵船会社の鉄鋼船」『朝日新聞』一八八七年三月一三日）。

しかし、八九年四月に東海道線新橋～長浜間が開通すると、それから四〇日の間に日本郵船の旅客運賃収入は前年同期に比較して横浜～四日市線で八三パーセント、横浜～神戸線で五五パーセントの減少となった。同社の副社長吉川泰二郎《たいじろう》は同年六月、社長の森岡正純《まさずみ》に「経費節減委員会設置ニ付論達」を提出し、東海道鉄道の開通が同社の横浜～四日市間、横浜～神戸間航路の営業に深刻な打撃を与えるのではないかと指摘した。そして、湖東線（長浜～大津間）の開通によって東海道線が全通すると船客は一層の減少を引きおこすと予測して、外国人船長にかわる日本人船長の採用、石炭費の低減、冗費淘汰《とうた》などの経費節減をはかった（前掲『日本郵船株式会社百年史』）。

また日本郵船は、運賃の値下げで東海道線との競争に対処しようとした。二、三の重役のなかには、一時的に乗客や貨物を鉄道に奪われてもやがて回復するので運賃を下げるには及ばないという楽観的な意見もあったが、すでに二〇余万円の損失をこうむっているとし、八九年七月一日から船客運賃を引き下げた。横浜～神戸間についてみると、上等は一六円から一〇円、中等は一〇円から六円、下等は四円から二円五〇銭へと大幅に値下げされ、新橋～神戸間の鉄道運賃（上等一一円二八銭、中等七円五二銭、下等三円七六銭）に対して一円以上の安値となった。このように日本郵船は東海道線全通後、船客運賃の大幅な値下げを余儀なくされ、船客運賃収入は一八八九年度をピークに減少に転じた。

ただし、貨物は影響を受けるどころかむしろ増加傾向にあったので、運賃の値下げを行わなかった。関西方面から東京へ輸送する貨物は、酒類、油、その他いわゆる水物《みずもの》類が多かったので、荷主は鉄道よりも汽船を選好する傾向にあったのである(「日本郵船会社の値下げ断行」『朝日新聞』一八八九年六月二六日、前掲『日本郵船株式会社百年史』)。

太湖汽船の営業廃止

湖東線(大津~長浜間)の開通によって、琵琶湖上で大津~長浜間の鉄道連絡運輸を営んできた太湖汽船会社の営業も危機に瀕《ひん》した。太湖汽船会社は一八八二年五月に大津~長浜間の鉄道連絡運輸を開業した。本社を大津停車場構内に、支社を長浜、米原、松原、八幡《はちまん》、塩津、片山、今津《いまづ》、勝野《かつの》など琵琶湖岸の寄港地においた。一八八三年八月二日付の『朝日新聞』に掲載された太湖汽船会社の広告によれば、大津~長浜間には長浜行が八時一〇分、一二時一〇分、二二時、大津行も九時五〇分、一三時一〇分、二一時、いずれも一日三便が運行していた。

大津~長浜間航路は鉄道が開通するまでの代行輸送という位置づけであったため、発着時間や運賃などで鉄道の側から大きな制約を受けており、湖東線が開通すると廃止されることになった。一八八九年五月、太湖汽船会社は、①鉄鋼船を二隻買い上げる、②鉄鋼船を海上運送に堪えうるように改造する費用を下付する、③営業年限中は従来通り補助金を下付するのうち、いずれかの救済策をとってほしいと願い出た。鉄道局長の井上勝は、大津～長浜間がこんなに早く開通するとは鉄道当局も予測しえなかったし、会社は営業期限を三〇年と想定し鉄鋼船まで新造しているので、残りの二三年間は年額一万二〇〇〇円の補助金を下付すべきであると一定の理解を示したが、一〇万円の特別補助金を一時金として下付すればよいということになり、同年一二月に通達された（『航跡　琵琶湖汽船一〇〇年史』）。

第4章 私設鉄道の時代——鉄道熱と鉄道敷設法

I　投資対象としての鉄道

企業勃興の中心となった鉄道業

一八八六（明治一九）年から八九年まで、鉱工業や運輸業の分野で株式会社の設立が相ついだ。これを「企業勃興」とよぶが、その様相はほぼつぎのようであった。

企業勃興が始まる前年の一八八五年から八九年にかけて、銀行業をのぞく会社の数は一二七九社から四〇六七社、資本金額は五〇六六万円から九〇八二万一〇〇〇円へと、それぞれ三・二倍、一・八倍の増加を示した。なかでも、鉄道業、紡績業、鉱山業における会社数、資本金額の増加が著しく、「鉄道企業に於《お》ける狂熱は次で紡績業に移り、更に鉱山業を襲《おそ》ひ、而《しこう》して終《しまい》に一般的」となった。しかも、「甚しきは利益の有無さへ調査せずして先《ま》づ会社を創立」するという始末であった（東洋経済新報社編『金融六十年史』）。企業勃興は投機をともなって進行したのである。

企業勃興の条件は、「松方《まつかた》財政」のなかで整えられた。大隈重信が「明治十四年の政変」で失脚したのちの一八八一（明治一四）年一〇月、松方正義《まさよし》が大蔵卿に就任した。松方は、その後も九二年八月まで大蔵卿（大蔵大臣）として財政政策を担うが、八一年から八五年までの財政政策をとくに松方財政とよんでいる。

松方は紙幣整理を断行して正貨（銀）と紙幣の価格差を解消しつつ、中央銀行（日本銀行）を設立して正貨兌換《だかん》制度を確立した。そのため紙幣流通量が収縮し、一八八三年末には銀貨と紙幣の価格差がほとんどなくなり、物価は下落し金利も下がった。農産物価格の下落は農村を襲い、農地を売却して自小作、小作に転化する農民もあらわれた。軍備拡張のための増税も実施されたので、農村の不況はより深刻化し、都市への流入者が増え、安価な労働力が生み出された。一方、貨幣制度の整備と通貨価値の安定にともない金利が低下し、商人・地主層の投資意欲が刺激された。

鉄道業が企業勃興の中心となったのは、既設の日本鉄道や阪堺鉄道の営業成績が良好で、商人や地主たちが鉄道を投資の対象とみなすようになったからでもあった。では、人びとは鉄道への投資の意義をどのように認識していたのか。一八八二年二月から三月にかけて行われた、飛驒《ひだ》山中での東北鉄道会社の株式募集活動をみてみよう。

東北鉄道の株式募集活動

一八八一（明治一四）年八月、前田利嗣《としつぐ》、松平慶永《よしなが》らの加賀・能登《のと》（石川県）、越前（福井

県）、越中（富山県）の華族や東西両本願寺の大谷光瑩《こうえい》、大谷光尊《こうそん》らは東北鉄道会社の設立を請願した。同社の目的は「北陸沿道ニ鉄道ヲ敷設」して同地方の殖産・振興をはかることで、計画路線は第一期・柳ヶ瀬～富山間、第二期・長浜～四日市間、富山～柏崎《かしわざき》間、第三期・柏崎～新潟間であった。設立出願にあたっては、八パーセントの利子補給（二〇年間）、官有土地の無償貸下げ、鉄道用地の国税免除などの政府保護を要請していた。なお東北鉄道はのちの北陸線にあたるが、これを「北陸鉄道」といわずに「東北鉄道」と名のったのは、おそらくこの地が京都からみて東北に位置するからであったと思われる。明治維新から一〇年以上の歳月を経ても、京都を中心に位置関係をはかるという慣習があったのかもしれない。

第一期工事の柳ヶ瀬～富山間鉄道の敷設資金は四五〇万円と見込まれ、そのうちの一〇パーセント以上を発起人が引き受け、残りを一般から募集するとされていた。一株の額面は二五円で、払込みは五年間に一〇回に分けて行われることになっていた。発起人の大半は鉄道敷設予定地の旧大名華族で、地元での株式募集は地方庁の後援のもとに発起人が行ったが、東北鉄道は株式募集を飛驒地方にまで広げ、八二年二月二日、創立委員の近藤光美《みつみ》を同地方に派遣して株式募集にあたらせた。

近藤は「東北鉄道会社創立規則」と、東北鉄道が株式募集のために前年一一月に作成したパンフレット「鉄道廼《の》効益」を携え、雪深い真冬の飛驒山中に出かけていった。同パンフレットは、北陸地方の盛衰は東北鉄道が実現するかどうかにかかっていると訴え、つぎのような順序で人びとに同鉄道への投資をよびかけた。

第一章　鉄道ハ開化ト富実ノ基礎タルヲ論ス
第二章　鉄道敷設ハ北陸地方ノ急務タルヲ論ス
第三章　鉄道ヨリ生スル所ノ利益ヲ論ス
第四章　鉄道ヲ非議スル者ノ妄ナルヲ論ス
第五章　鉄道ハ一人一家ノ好財産タルヲ論ス

ここでは鉄道が一国の「開化ト富実ノ基礎」であることが論じられ、「開化」と「富実」の面で著しく劣っている北陸地方にとっては、鉄道の敷設がなによりも急務であるとされている。そして鉄道の利益を運賃の低減や輸送時間の短縮などに求め、鉄道の効益を認めない議論を厳しく批判する。注目されるのは、鉄道への投資は土地への投資よりも有利で鉄道株は「一人一家ノ好資産」であると、投資対象としての鉄道業の有望性を説いていることである。

飛驒の名望家たちの鉄道投資

飛驒地方に出向いた東北鉄道の近藤光美は、舟津町、高山町、古川町の名望家たちを訪ねるとともに、寺社に住民たちを集めて演説会を開いた。二月一三日には洞雲寺《とううんじ》に五〇〇余名を集めて「鉄道廼効益」の趣旨を説明し、二六日には水無《みなし》神社宮司の大池真澄《ますみ》のはからいで、神道事務分局で開催された国教講談会で六〇〇名を前に、東北鉄道への投資を勧誘したのである。

飛驒地方の名望家たちは、近藤の勧誘に積極的に応じていた。山下甚三郎《じんざぶろう》、三輪源次郎《みわげんじろう》なる者は「親族知己」や「貸家ニ住ム細民」に伝え、「株式加入」を勧めたいと述べた。山下も三輪も商家であったが、山下は質屋を営み、三輪は鉱山業や「芳国社」という製陶会社を営んでいた。両者とも「資力ヲ以テ名ヲ博ス」といわれ、典型的な名望家であった。

また広瀬重武《しげたけ》という裁判所長は、飛驒のような山間部に住む者にとっては、東北鉄道の株式を購入する方が「田園ヲ購求スルヨリモ廉ニシテ益アリ」と説いた。広瀬は、日露戦争での活躍で「軍神」と崇《あが》められた広瀬武夫中佐の実父で、「国中人望アリ」といわれていた。

このようにみてくると、飛驒の名望家たちは、一八八〇年代の初期には鉄道投資の意味を十分に理解していたといえる(近藤光美「明治十五年　鉄道敷設ニ付飛驒地方派出紀行　自二月二日至三月十五日」)。

株式への投資という行為は江戸時代の富くじと似た面があり、明治初年の民衆にもかなり浸透していたのではないかという見解がある(高村直助『会社の誕生』)。一定額の投資をして、うまくいけばリターンがあるが、失敗しても最初に投資した以上の負担を負う必要はない。有限責任という考え方は、富くじにも株式投資にも共通していたのである。飛騨地方の名望家たちが、東北鉄道の株式募集に積極的に応じることができたのは、こうした江戸期からの経験があったからといえよう。

東北鉄道の飛騨地方での株式募集は一定の成果があったようであるが、東北鉄道自体は、計画線の変更と、それにともなう福井県側の株主層の脱落によって設立にはいたらなかった。

II 私設鉄道の勃興

内閣鉄道局の発足

大日本帝国憲法の発布と国会の開設を控えて、明治政府は一八八五（明治一八）年一二月、中央官庁の近代的体制を整えるため太政官制を廃止して内閣制度を設け、外務、内務、大蔵、陸軍、海軍、司法、文部、農商務、逓信《ていしん》の九省をおいた。工部省は廃止となり、同省所属の各局は農商務省ないし逓信省の管轄となったが、鉄道局は暫定的に内閣の直轄とされ、鉄道事務は内閣に管理されることになった。

鉄道局は内閣に直属することになったが、引き続き官設鉄道の敷設、私設鉄道の免許などを担うことになり、鉄道局長官には鉄道局長の井上勝がそのまま就任した。なお内閣鉄道局の職員数は、一八八八年三月当時で一〇〇四人（勅任官一人、奏任官三七人、判任官二二七人、雇傭員七三九人）を数えた。七一年九月における鉄道寮の職員数が九一人でしかなかったことを考えると、内閣鉄道局がいかに大きな組織となったかがわかるであろう。

鉄道局が内閣の直属となったのは、一八八五年一二月に井上勝が内閣総理大臣の伊藤博文に鉄道局職制および事務章程に関する上申書を提出し、それを伊藤が受け入れたからであった。井上は、一刻の猶予も許されない鉄道事業を管理する鉄道局は、工部省内の一局であるとはいえ、実際には農商務省の駅逓《えきてい》局、内務省の警視庁のように半独立の体裁を備え、権限も他の諸局とは異なっている。そして目下のところ、鉄道局はもっぱら鉄道の敷設工事や運輸営業に携わっているので、これらの事業の障害にならない機構を整備すべきであると主張していた。

相つぐ私設鉄道の出願

内閣鉄道局が発足すると、折からの企業勃興のなかで私設鉄道の出願が一挙に増え、一八八六（明治一九）年度から九二年度までの出願総数は五三社にのぼった。このうち出願が却下されるか免許・仮免許が失効となったものが二五社、開業したのも同数の二五社で、そのほか他社によって開業されたもの、ないしは社名変更後に開業したものが三社あった。こうして私設鉄道の出願は「一種ノ流行物」となり、「鉄道熱」の時代を迎えることになった。すでに開業していた日本鉄道（一八八三年）、阪堺鉄道（一八八五年）の二社に加えて、一八八八年に水戸鉄道、両毛鉄道、山陽鉄道、伊予鉄道、八九年に甲武鉄道、関西鉄道、大阪鉄道、讃岐鉄道、九州鉄道、北海道炭礦《たんこう》鉄道の一〇社が開業した。

出願された私鉄のなかには、収益性の見通しをもたない投機的性格の強いものもみられた。日本鉄道など既設鉄道の株式が高値をよんだばかりでなく、新設鉄道の権利株がプレミアムつきで売買されたため投機的な鉄道熱がおこり、鉄道会社の設立とは名ばかりで「株式ノ売買ヲ以テ一攫《いっかく》千金ヲ博セント欲スルモノ」も少なくなかったのである（逓信省鉄道局編『明治二十年度鉄道局年報』）。

企業勃興は一八八九年に頂点に達したが、同年下期には金融が逼迫《ひっぱく》し金利が上昇しはじめた。こうした傾向は一段と強まり、九〇年一月には株式恐慌を引きおこした。一八九〇年恐慌は日本資本主義が初めて経験する恐慌で、これを契機に鉄道会社のなかにも経営が悪化したり、株金の払込みが停滞して敷設工事が遅延したりするものが続出した。

「鉄道熱」への警鐘

このような私設鉄道の勃興に対して、鉄道局長官の井上勝は、一八八六（明治一九）年度は「鉄道ノ豊年」で「公衆ト共ニ之ヲ慶スヘキ所」であると述べ、さしあたり歓迎の意をあらわしていた。しかしその一方で、危機感も募らせていた。鉄道会社の設立には多額の資金を必要とし、経営も決して簡単ではない。しかし設立を計画する者のなかには、鉄道を「有利無損」のものと信じ、一攫千金を夢みて鉄道会社とは名ばかりで単なる「投機ノ要具」とみなす者もいる。「羹《あつもの》に懲《こ》りて膾《なます》を吹く」ということわざがあるように、杜撰《ずさん》な計画によって設立された会社が失敗すると、鉄道事業すべてが危険視され衰退してしまうのではないか。井上は投機それ自体の弊害というよりは、鉄道会社の信用が失墜し、鉄道事業が衰退してしまうことを恐れていたのである（前掲『明治二十年度鉄道局年報』）。

また井上は、私設鉄道の濫立《らんりつ》によって、鉄道網が小鉄道会社によって分断されてしまうことも危惧していた。営業距離の長い少数の大規模鉄道による経営が、車輛《しゃりょう》や営業費を節約でき、もっとも効率がよい。これには独占の弊害が生じるという批判もあるが、そもそも鉄道は独占的な性格を有するもので、独占か否かは「線路ノ長短」によって決まるものではない。独占の弊害が運賃の騰貴を意味するのであれば、欧米では小規模な鉄道会社が合併し、大規模な鉄道会社が誕生してからの方が運賃は低下しているのであたらない。このように井

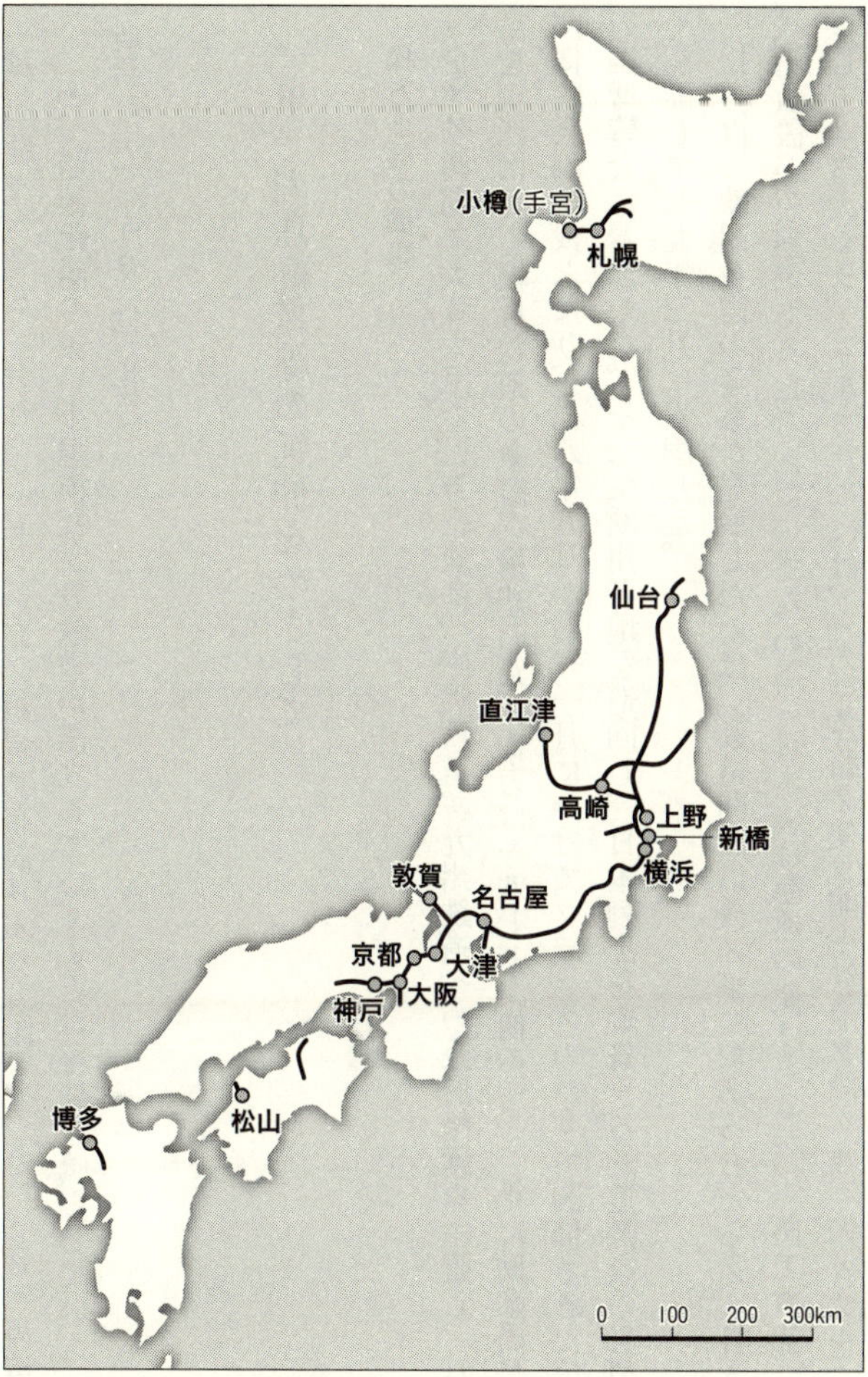

第 1 次鉄道熱期の鉄道網（1890年 1 月）

出典：*A History of Japanese railways* 1872－1999　収載の地図をもとに作成

上は、「徒《いたず》ラニ多数ノ会社ヲ設立シ孤立ノ短線ヲ布設スルノ計画ヲナスハ、寔《まこと》ニ得策ニ非《あら》ス」と、路線距離の短い小規模な私設鉄道が濫立していくことに警鐘を鳴らしていた（前掲『明治二十一年度鉄道局年報』）。

III　列島縦貫線の延伸をめざして

松方正義の構想

企業勃興期に大蔵大臣の松方正義は、山陽鉄道、九州鉄道への政府保護を主張し、日本列島を東西に貫く縦貫鉄道の敷設を構想した。松方は一八七七（明治一〇）年に勧業局長兼仏国博覧会副総裁となり、七八年五月から一一月にかけてフランスのパリで開催された第八回万国博覧会に参加した。そして欧州各地を巡回し、日本列島を縦貫する鉄道敷設の必要を強く認識して七九年三月に帰国した。

松方は、欧州各国の産業が発展したのは「鉄道開設以後ノ事」であるととらえ、日本でも鉄道敷設が急務であると考えた。すなわち、日本には海運の便はあるが、「農工事業」を起こして「盛大ナラシムル」ためには、「大ニ陸路ノ便ヲ開キ鉄道ヲ設クルニ如《し》カサル」というのである。そして、「西ハ九州、東ハ青森迄《まで》断然設ケサルヲ得ス」と日本列島を東西に縦貫する幹線鉄道の敷設を主張し、それ以外の支線は「人民ノ志願ニテ速《すみや》カニ着手」すればよいとした。また松方は、このような鉄道網を実現するために、まずは測量をして予定線を明らかにし、そのうえで「鉄道ノ憲法」（鉄道敷設の基本方針）および「政府ノ保護法」（政府の保護政策）を定めなければならないとした（松方峰雄・兵頭徹編『松方伯財政論策集』）。

このような松方の考え方は、企業勃興期にはかなり一般的になっていたように思われる。『商売之秘訣』『商業之骨』などの著作がある佐久間剛蔵（筆名は「咬菜軒主人」）は、一八八八年一二月に『富源開発鉄道利用 完』を出版した。佐久間は、商業立国論に拠って日本経済の発展の方向を探っていた。同書では、「鉄道の国家に於ける猶《な》ほ血液の身体に於けるか如し」という立場から、貿易、殖産興業などにおける鉄道の効用を説き、鉄道が日本の経済社会をいかに発展させるかを、アメリカやイギリスなど諸外国の事例をまじえながら丹念に論じている。

佐久間によれば、鉄道の利用は人や貨物の流動を促進して全国各地に「文明開化」をもたらし、新たな産業社会を形成する。鉄道工事は日に日に進展し、日本鉄道は青森に向けて東北地方に路線を延伸しているし、官設東海道線もまもなく完成することになっている。さらに山陽鉄道、九州鉄道が完成すれば、「東北の端より西南の隅」まで「一道の鉄道」が貫通する。さらに両毛鉄道、水戸鉄道、甲武鉄道などが開通すれば、「都会人造の物品は田舎に潤沢し、田舎天然の現品は都会に現出し」、日本経済はまったく一変する。第一次鉄道熱期を迎えて、いよいよ「私設鉄道の時代」に入ろうとしている日本の将来をこのように見通していたのである。なお、同書の巻末には時刻表や鉄道路線図が掲載されており、鉄道利用者が携帯して読むのに便利な判型となっているので、それなりの読者を得たものと推察することができる。

私設鉄道条例の公布

松方正義が主張した「鉄道ノ憲法」は、まずは一八八七（明治二〇）年に私設鉄道条例の公布となって実現した。鉄道局長官の井上勝が、政府が私設鉄道の設立を許可していく方針をとるのであれば一定の準拠法を整備する必要があるとして、同年三月に私設鉄道条例の制定を上申し、五月に同条例が公布された。

私設鉄道条例は全四一条からなり、鉄道会社を設立するには発起人五名以上を必要とし、創立願書に社名、本社所在地、敷設路線、資本金、収支概算、発起人などについて記した起業目論見書《もくろみしょ》を添えて、本社所在地の地方庁を経由して政府に提出することとされた。また、私設鉄道にも官設鉄道なみの規格が求められ、私設鉄道に対する助成措置とともに、鉄道局長官の私設鉄道に対する監督権が明確にされた。

私設鉄道条例公布後は、山陽鉄道（神戸～下関間）や九州鉄道（門司《もじ》～熊本間）などの幹線鉄道の敷設が進んだ。また水戸鉄道（小山～水戸間）、両毛鉄道（前橋～小山間）および甲武鉄道（新宿～八王子間）が「日本鉄道会社ノ一部」（井上勝「〔甲武鉄道会社設立出願につき伺〕」一八八八年一月一七日）とみなされ免許されたように、幹線鉄道に連絡する私設鉄道の敷設も促進された。なお、同条例は馬車鉄道や電気鉄道には適用されなかった。

その後、一九〇〇（明治三三）年三月には私設鉄道法、鉄道営業法が公布され、同年五月の私設鉄道法の施行をもって私設鉄道条例は廃止された。私設鉄道法は、私設鉄道会社の設立、計画、工事から運営にいたるまで、政府の監督を強化し、主務大臣が私設鉄道間、あるいは私設鉄道と官設鉄道との間の連絡運輸や直通運転についても命じることができるとした。

山陽鉄道と大阪商船会社

企業勃興期には日本鉄道、官設東海道線に連なり、日本列島を縦貫する幹線鉄道の一部をなす山陽鉄道、九州鉄道の設立が計画された。両鉄道とも政府による特定保護を求めていたが、私設鉄道条例を定めて私鉄の監督権を明確にした政府は、はたしてどのように対処したのであろうか。

兵庫県会議員の石田貫之助《かんのすけ》、伊丹《いたみ》の酒造家・小西新右衛門《こにししんえもん》らのあいだで、神戸から山陽道を縦貫する鉄道の敷設計画がおこり、大阪の藤田伝三郎（藤田組）、横浜の原六郎（横浜正金銀行頭取）、東京の荘田平五郎《しょうだへいごろう》（三菱）らも加わって、一八八六（明治一九）年一二月に山陽鉄道の発起人会が開かれた。石田貫之助ほか一五名が、神戸から山陽道を通って姫路に達する鉄道の敷設を出願したのである。

鉄道局長官の井上勝は、神戸〜姫路間は山陽道の一部にすぎないとして、出願人に岡山、広島を経て馬関《ばかん》（下関）まで、相当の年限内に竣工《しゅんこう》することを求めた。そして、もしそれができなければ、政府が姫路以西の幹線敷設に着手したときには軌道、橋梁《きょうりょう》、建物、車輛など一切を実費で売却しなければならない、また姫路以西の幹線を敷設する一大鉄道会社が設立された場合には、その会社と合併しなければならない、という条件を付した。

山陽鉄道の創立委員総代となった中上川彦次郎《なかみがわひこじろう》は、一八八七年一〇月に「山陽鉄道会社設立并《ならびに》起業ノ儀ニ付稟請《りんせい》」を提出し、全線を第一区神戸〜岡山間、第二区岡山〜広島間、第三区広島〜馬関間の三区に分け、免許状下付の日より九年で竣工するとした。同鉄道は、八八年一月には私設鉄道条例により免許状の下付を受けたが、これは私設鉄道条例による最初の免許状であった。

中上川彦次郎は、一八八九年一〇月、資金調達が困難をきわめ、姫路以西の線路の敷設が期限内に竣工しない恐れがあるとみて特別補助金の下付を申請した。井上は、山陽鉄道の路線は官設であれ私設であれ、早晩敷設しなければならないとみて積極的に対応し、山陽鉄道に対する政府保護を認めた。政府保護は九〇年三月に許可され、姫路以西の線路について一マイルにつき二〇〇〇円の補助金が下付されることになった。

山陽鉄道は一八八八年一一月に兵庫〜明石間を開業し、同年一二月には姫路まで、九一年三月には岡山まで延伸した。岡山までの開業を間近に控えた九一年三月一四日付の『朝日新聞』は、山陽鉄道の運賃値上げについて報じている。それによると、これまで山陽鉄道の運賃は、通常貨物は他社の半額、貸切車は五分の一ないし三分の一ほどで、「其低廉なること世界に比類なく」といわれていた。運賃を低く設定したのは、同鉄道の路線が「最も舟楫《しゅうしゅう》の便に富みたる内海に沿ひて」敷設され、「和船並に汽船と競争」していたからであった。

しかし、もはや「競争に負ける気遣ひなし」と判断したためか、九〇年一〇月から一挙に運賃を五割も値上げした。一トン・一マイルにつき六厘の運賃を九厘とし、さらに岡山までの開業を見込んで五〇マイル未満は一トン・一マイルにつき一銭五厘、一〇〇マイル未満は同一銭四厘、一〇〇マイル以上は同一銭二厘五毛とした。それでも「他に較《くら》ぶれば尚《なお》安き方」であった。

同紙はライバルであった大阪商船会社が、山陽鉄道の岡山までの延伸の影響を受けて、大阪～岡山間は上等一円、中等七〇銭、下等四五銭、神戸～岡山間はそれぞれ九〇銭、六〇銭、三五銭に旅客運賃を引き下げたことも伝えていた。

その後、山陽鉄道は一八九二年七月に三原《みはら》（糸崎《いとざき》）、九四年六月に広島、九八年三月に三田尻《みたじり》（防府）まで路線を延長し、一九〇一年五月に馬関（下関）に達した。また播但《ばんたん》鉄道（一九〇三年六月）、讃岐鉄道（一九〇四年一二月）を買収する一方、宇品《うじな》～高浜《たかはま》間、岡山～高松間など四国との連絡汽船の経営にも進出した。さらに急行列車や官設鉄道との直通列車の運転、寝台車・食堂車の連結、赤帽の配置など、旅客サービスの向上をはかった。

九州鉄道の開業

九州鉄道の敷設運動は一八八〇（明治一三）年前後からみられた。この年、『福岡日日新聞』は北部九州の産業発展のために鉄道敷設が必要なことを説き、福岡県会も八二年七月に門司～熊本間の鉄道敷設を決議した。そして、翌八三年七月には福岡県令岸良俊介《きしらしゅんすけ》が鉄道敷設計画を立て、工部省にその適否を判断するため、同省の係官を派遣してほしいと願い出た。鉄道敷設には多額の資金を要するばかりでなく、工事も困難をきわめるので、あらかじめ鉄道敷設の適否を判断しておきたいというのであった。岸良の上申を検討するなかで、政府は「幹線トナルベキモノハ官線ニ帰シ、支線ノ分ハ人民ノ出願ニ依リ」敷設を許可すると

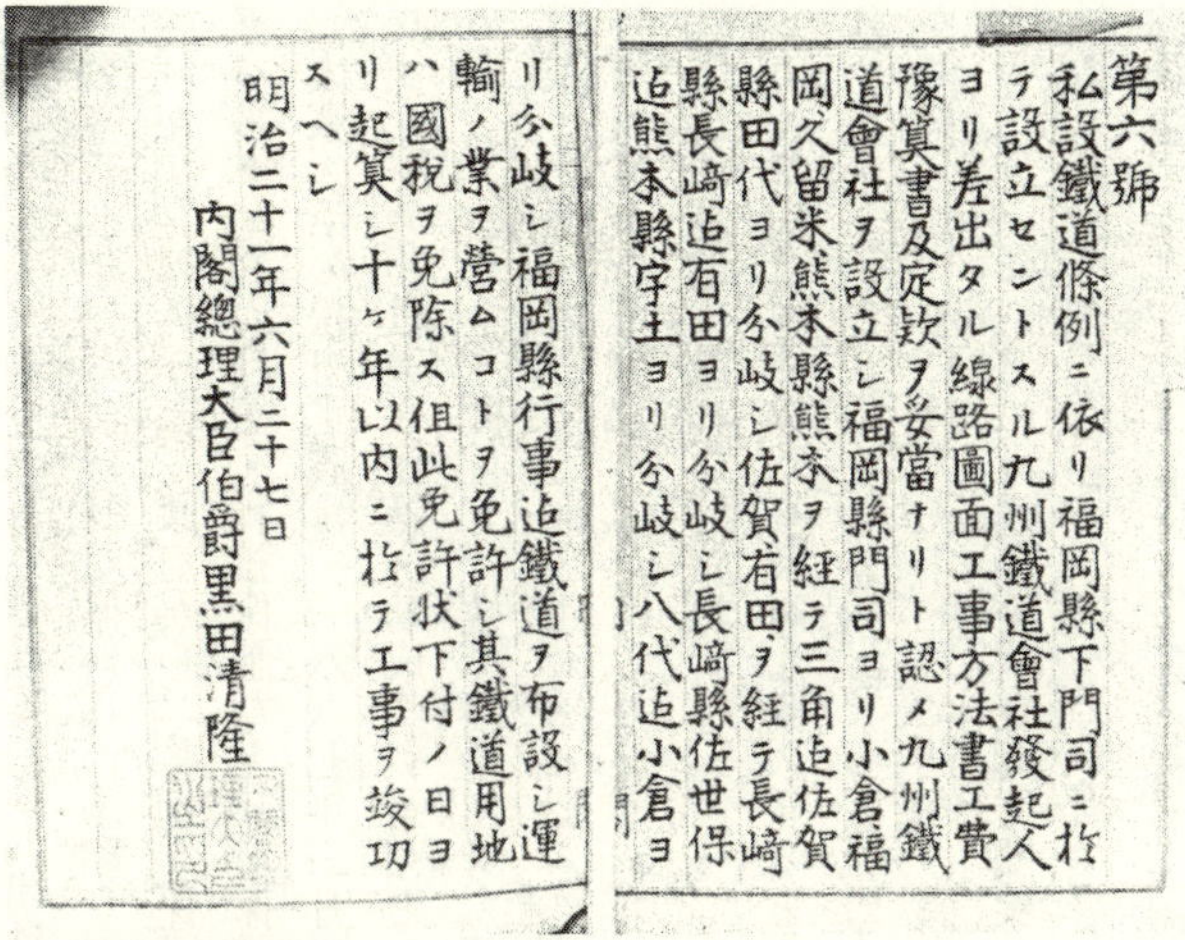
第六號
私設鐵道條例ニ依リ福岡縣下門司ニ於テ設立セントスル九州鐵道會社發起人ヨリ差出タル線路圖面工事方法書工費豫算書及定款ヲ妥當ナリト認メ九州鐵道會社ヲ設立シ福岡縣門司ヨリ小倉福岡久留米熊本縣熊本ヲ經テ三角迄佐賀縣田代ヨリ分岐シ佐賀有田ヲ經テ長崎縣長崎迄有田ヨリ分岐シ長崎縣佐世保迄熊本縣宇土ヨリ分岐シ八代迄小倉ヨリ分岐シ福岡縣行事迄鐵道ヲ布設シ運輸ノ業ヲ營ムコトヲ免許シ其鐵道用地ハ國税ヲ免除ス但此免許状下付ノ日ヨリ起算シ十ヶ年以内ニ於テ工事ヲ竣功スヘシ
明治二十一年六月二十七日
内閣總理大臣伯爵黒田清隆

九州鉄道会社免許状

いう方針を立てた（「（岸良県令の伺に対する回答）」一八八三年一二月）。

しかし、この政府の方針はまもなく修正されることになった。岸良の後任として福岡県令に就任した安《やす》場《ば》保和《やすかず》は、一八八六年六月に門司（現在の門司港）～熊本間の私設鉄道の敷設を上申した。これに対して鉄道局は、中山道鉄道の敷設におわれており力を貸すことはできないとしていたが、政府は同年七月、とくに不都合がなければ私設を許可するとした。ただし、利子保証は願い出ても聞き届けないという意向も明らかにした。政府は、私設鉄道による幹線の敷設を認めたのである。

それからほぼ半年後の一八八七年一月、福岡、熊本、佐賀の三県では、それぞれ一五名の発起人が創立委員会を開き、「九州鉄道創立願」を各県令を経由して政府に提出した。その後八八年三月には長崎県からの請願も合わせて免許状の下付を申請し、同年六月に免許された。発起人らは、政府から「特別ノ保護」を得なければ、とても竣工できないとして、五パーセントの利子・利益保証など政府保護を求めた。

大蔵大臣の松方正義は、一八八七年三月に「九州鉄道特別保護ニ関スル意見書」を閣議に提出し、九州鉄道を保護・助成すべきだとした。九州鉄道の資本金は七五〇万円で、八八年八月に創立総会を開催し、薩摩藩の出身で農商務省商務局長の高橋新吉が社長に選出された。当初、政府は払込株金に対し株金払込みの翌月から営業開始の前月まで年率四パーセントの特別保護金を下付することにしたが、八九年四月に発起人の申請により一マイルにつき二〇〇〇円の補助に改められた。

九州鉄道はドイツから資材を購入するとともに、プロイセン国有鉄道機械監督であったヘルマン・ルムシュッテルを招聘《しょうへい》して敷設工事を進め、一八八九年一二月に博多〜千歳川《ちとせがわ》間を開業した。その後九一年七月に門司〜熊本間を開業、九六年一一月には八代《やつしろ》まで延長した。さらに九一年八月には鳥栖《とす》〜佐賀間も開業し、九州北部の幹線鉄道を完成させた。また筑豊《ちくほう》鉄道（一八九七年一〇月）、伊万里《いまり》鉄道（一八九八年一二月）、豊州《ほうしゅう》鉄道（一九〇一年九月）、唐津《からつ》鉄道（一九〇二年二月）などを合併し、炭鉱地帯と積出港を結ぶ運炭鉄道も経営した。

一八九〇年恐慌後、石炭商況が不振となり、九州鉄道の石炭輸送が減少した。また旅客収入も不振をきわめた。そうしたなかで九州鉄道は、割引運賃や貨物列車の増便などを実施して、筑後《ちくご》地方に産出する茶、紙、蠟《ろう》、清酒、あるいは海運貨物であった肥後《ひご》米などを積極的に集荷した（『第八回九鉄報告』一八九二年上期）。

東北に延びる日本鉄道

山陽鉄道、九州鉄道の開業によって、神戸から西に向かって縦貫鉄道が延伸していたが、東日本では日本鉄道が東北に向かって路線を延ばしていた。日本鉄道は東京～青森間の全線を、第一区（東京～高崎・前橋間）、第二区（第一区線中から白河まで）、第三区（白河～仙台間）、第四区（仙台～盛岡間）、第五区（盛岡～青森間）の順に敷設を進め、東北地方への延伸をはかっていた。東京～青森間の竣工期限は一八八九（明治二二）年二月末日とされていたが、期限内に開通したのは仙台までで、第四区線、第五区線の敷設は工期延期の許可を得て実施された。

一八八四年八月に上野～前橋間の第一区線が開業すると、第二区線の路線選定が日程にのぼった。栃木県足利《あしかが》町の機業家市川安左衛門《やすざえもん》や織物買継商の木村半兵衛《はんべえ》らは、両毛機業地の中心市場足利に鉄道を誘致しようとして、第一区線中の熊谷で分岐し、足利、佐野、栃木、鹿沼《かぬま》、宇都宮を経て白河に達する路線の敷設を主張した。

一方、鉄道局長の井上勝は、建築費、工期などの面ではるかに有利であるとして第一区線中の大宮で分岐し、栗橋《くりはし》、小山《おやま》を経て宇都宮にいたる路線を敷設すべきであるとした。井上案が採択され、一八八五年七月に大宮〜宇都宮間四九マイル七チェーン（七九キロメートル）が竣工した。翌八六年三月には宇都宮〜白河間が着工され、鬼怒《きぬ》川、荒川などの急流、那珂《なか》川〜白河間の急勾配など、工事の困難な箇所もあったが、翌八七年七月に第二区線大宮〜白河間が全通した。

第三区線白河〜仙台間は第二区線の完成を待たずに一八八六年八月に白河〜福島間が着工され、翌八七年七月に白河〜郡山《こおりやま》間、一二月には郡山〜仙台間が開通した。これまで福島から東京に出るのに馬車で数日を要したが、日本鉄道の東北延伸によって福島〜上野間の所要時間は九時間一〇分となった。旅客・貨物の輸送には大きな便宜をもたらしたが、陸羽《りくう》街道筋の陸運業者は打撃を受け、阿武隈《あぶくま》川の水運も衰退した（大石嘉一郎編『福島県の百年』）。

第四区線の仙台〜盛岡間が全通したのは企業勃興が終息したのちの一八九〇年一一月、第五区線の盛岡〜青森間が開通したのは翌九一年九月であった。盛岡以北の路線敷設をめぐっては、一八八七年一二月一〇日、鉄道局長官井上勝と陸軍大臣大山巌《いわお》との間でつぎのようなやりとりがあった。

大山は盛岡以北三戸《さんのへ》、百石《ももいし》、野辺地《のへじ》にいたる路線は海岸に接していて、戦時には敵軍の攻撃に悩まされる恐れがある。したがって海岸線をなるべく避け、たとえば盛岡から田頭《でんどう》（現・八幡平市）、大館《おおだて》、弘前《ひろさき》にいたる線などに改めるべきだと主張した。これに対して井上は、大山の主張する路線について、①山間地で工事が困難、②経費がかさむ、③施工年数が長い、④線路が長く開通後経費が増加する、などの問題点をあげ、原案どおり敷設すべきだとし、八八年四月に許可された。日本の鉄道は軍事優先で敷設されたという見方があるが、必ずしもそうではなかったのである。

Ⅳ　鉄道敷設法体制の成立

井上勝のさらなる拡張案

明治政府が一八六九（明治二）年に示した鉄道敷設構想は、八九年の東海道線の全通によって一応の完成をみた。この時点で、すでに政府は日本鉄道（東京〜青森間）、山陽鉄道（神戸〜下関間）、九州鉄道（門司〜鹿児島間）などの私設鉄道の設立を免許しており、日本列島を縦貫する鉄道の敷設に着手していた。こうしたなかで、鉄道局長官の井上勝、工部大学校

（帝国大学工科大学）卒の鉄道技術者・佐分利一嗣《さぶりかずつぐ》、自由主義経済学者の田口卯吉《うきち》らは、帝国日本のあるべき鉄道網の構想を練りあげていた。なお、内閣直属の鉄道局は、一八九〇年九月に内務省の所属となって鉄道庁と改称され、井上勝鉄道局長官が鉄道庁長官に就任した。

井上勝は、東海道線の全通に見通しが立つと鉄道事業の拡張を主張し、一八九一年七月に「鉄道政略ニ関スル議」を著し、鉄道を「全国枢要ノ地」に敷設して幹線と支線を接続し、その「利用ヲ完全」にすることが必要であると説いた。具体的には新たに三五五〇マイル（五七一二キロメートル）の鉄道を敷設して、北海道をのぞき五二〇〇マイル（八三六六・八キロメートル）の鉄道網を完成させるというものであった。そのために要する費用は新線建設費と既設線の改良費をあわせて約三億円という膨大な金額にのぼった。そこで、当面は八王子〜甲府間、三原〜馬関（下関）間、佐賀〜佐世保《させぼ》間、福島〜青森間、敦賀〜富山間、直江津〜新発田《しばた》間などの第一期線を三五〇〇万円の公債を発行して七ヵ年の継続事業として敷設すべきであるとした。

井上はこうした全国的な鉄道網を私設鉄道にゆだねるのではなく、官設鉄道によって実現すべきであるとして、私設鉄道の政府買収を主張した。しかし、だからといって井上は鉄道国有主義に凝り固まっていたわけではなく、日本鉄道については国有化の対象からはずしていた。ただ、山陽鉄道や九州鉄道などが路線延長に手間取っていたので、みずからが構想する鉄道網を実現するためには私鉄の政府買収が必要と判断したのである。

佐分利一嗣と田口卯吉の主張

民間の鉄道技術者・佐分利一嗣は、一八九一（明治二四）年五月に『日本之鉄道』を刊行し、太平洋側を東西に貫く日本の鉄道は、殖産興業上においても軍事上においても好ましくないと批判した。そして地域開発効果の大きい「山間鉄道」の敷設を主張し、奥州線、北陸線、中央線、山陰線、四国線、九州線など、合計二四七四マイル（三九八〇・七キロメートル）からなる将来の鉄道網を提示した。

佐分利は、この将来の鉄道を官設鉄道ではなく私設鉄道によって実現すべきであるとしていたが、私鉄に対する政府保護、資金調達のための外資導入などを奨励していた。井上が警鐘を鳴らしていた小鉄道会社による分立経営の弊害についても熟知しており、全国の鉄道を六、七社で経営し、政府は鉄道の経営に直接かかわらず私鉄の「監督者」に徹するべきであると考えていた。

自由主義経済学者の田口卯吉は、「鉄道民有民営」の立場から官設東海道線の払下げを唱え、山陰、北陸など日本海側に面する地域にも一条の鉄道を敷設し、ところどころに太平洋側の鉄道と連絡する鉄道を「階梯《かいてい》様に」敷設するという鉄道構想を示した（「先づ日本鉄道の

田口卯吉

全案を立つべし」『東京経済雑誌』第四七四号、一八八九年六月）。そして、これをさらに具体化するため田口が主宰していた経済学協会のなかに鉄道調査委員会を設置した。

鉄道調査委員会では「軍略防守」を主な目的とせず、もっぱら「殖産興業」「富源の開発」という観点から議論を積み重ね、一八九一年一〇月に「鉄道調査委員会報告」をまとめた。報告書は、太平洋側を縦貫する鉄道は完成しつつあるが、日本海側の縦貫鉄道はいまだ敷設されておらず、日本海側と太平洋側を連絡する鉄道も敦賀線と直江津線が敷設されているにすぎない。それにもかかわらず政府は全国的な鉄道網を提示していないと批判し、一四路線からなる総計二〇四〇マイル（三二八二・四キロメートル）、建設費総額一億二〇〇〇万円の鉄道網を構想した。なお、経営形態については、①官設論、②要部官設論、③私設保護論、④純然私設論が併記されるにとどめられていた。

鉄道敷設法の公布

松方正義は、これらの鉄道構想のうち井上勝の「鉄道政略ニ関スル議」を実施に移すこととし、一八九一（明治二四）年一二月の第二議会に内務大臣の品川弥二郎が鉄道公債法案と私設鉄道買収法案を提出した。議会では鉄道拡張の動きが高まっており、全国各地から鉄道速成を掲げて上京してきた陳情者たちが鉄道期成同盟会を結成した。衆議院では民党、吏党にわたる議員集団・帝国実業協会が期成同盟会と連携しつつ、議員法案として鉄道拡張法案を提出した。

こうしたなかで、鉄道公債法案と私設鉄道買収法案の審議がなされた。鉄道の拡張には賛成するが私設鉄道の買収には反対であるという議員が多く、まず私設鉄道買収法案が一二月二四日の本会議で否決され、鉄道公債法案も翌日、衆議院が解散されたため審議未了で廃案となった。

政府は第三議会への新たな鉄道法案の提出を断念し、法案の成り行きを議会の審議にゆだねることにした。第三議会では佐藤里治《さとじ》の鉄道拡張法案、自由党の植木（西山）志澄《ゆきずみ》・伊藤大八《だいはち》・塩田奥造《しおだおくぞう》による鉄道敷設法案、無所属の河島醇《あつし》・田中源太郎による鉄道拡張法案の三法案が議員法案として提出された。これらの法案はいずれも第二議会の帝国実業協会の法案を引き継いだもので、①鉄道拡張を主としており、私鉄の買収は付随的な位置づけしか与えられていないこと、②第一期線の採択や建設費および私鉄買収価格などに議会の協賛を必要とすること、の二点を特徴としていた。

第三議会では、これらの案を折衷して鉄道法案を一本化しようという動きがあらわれ、一八九二年五月一一日に一八名からなる委員会が設置され、一括審議に付された。二日後の一三日の初会合で委員長に佐藤里治、理事に伊藤大八、箕浦勝人《みのうらかつんど》が選ばれた。委員会では各法案を折衷して一つの鉄道敷設法案にまとめられ、基本的な作業を五月二六日には終え、六月三日の本会議に報告された。委員会の報告書では、政府の私設鉄道買収法案については一切の鉄道を国有にする必要はないとされた。鉄道の拡張については、それぞれの法案に一長一短があるとされながらも、中央線（八王子または御殿場〜名古屋間）、北陸線、北越線、奥羽線、山陽線（三原〜下関間、海田市《かいたいち》〜呉間）、九州線（佐賀〜佐世保・長崎間、熊本〜三角《みすみ》間）の六路線を第一期線とし、総額五〇〇〇万円の公債を一〇年間で募集して敷設するとされていた。しかし、本会議ではこれに舞鶴《まいづる》線、和歌山線、山陰山陽連絡線の三路線が加わり、第一期建設予定線は九路線、募集公債総額六〇〇〇万円へと膨れ上がった。

鉄道敷設法は、井上勝の当初の構想とはかなりかけはなれたものとなったが、一八九二年六月に成立した。なお鉄道敷設法では、鉄道工事の着工順序や募集公債額については鉄道会議に諮詢《しじゅん》したうえで、帝国議会で審議することになっていた。鉄道のテクノクラートとして、鉄道行政を一手に担ってきた井上勝にとって、鉄道政策の決定過程に議会勢力が介入してくるのはとうてい我慢できるものではなく、翌九三年三月には鉄道庁長官を辞任し、二十余年にわたる鉄道専門官僚としての地位に別れをつげた。

活発化する鉄道誘致運動

鉄道敷設法は第二条で、中央線（三線）、中央線および北陸線の連絡線（一線）、北陸線（一線）、北陸線および北越線の連絡線（一線）、北越線（一線）、北越線および奥羽線の連絡線（一線）、奥羽線（四線）、総武線および常磐《じょうばん》線（二線）、近畿線（四線）、山陽線（二線）、山陰線（一線）、山陰および山陽連絡線（三線）、四国線（三線）、九州線（六線）など三三路線を今後敷設すべき予定線とした。そして同法七条では、これらの予定線のうちいわゆる第一期予定線として、今後一二年間に六〇〇〇万円の予算をもって敷設すべき九路線を定めた。その予定線のうち、中央線、北越線、舞鶴線、和歌山線、山陰山陽連絡線などでは、「若《も》ハ《しく》」あるいは「又ハ」として比較線が設定されていた。たとえば、中央線については起点が「神奈川県下八王子若ハ静岡県下御殿場」とされ、経由地も「伊那郡若ハ西筑摩《にしちくま》郡」と記されていた。比較線については、政府がさらに調査をし、帝国議会の協賛を経て決定するとされていたので、沿線各地で比較線をめぐる鉄道誘致運動が活発に展開されるようになった。

また鉄道敷設法は、これ以外にも「敷設ノ意ヲ要スヘシト認ムルモノ」があれば、帝国議会の協賛を経て第一期工事に指定し、公債を募集することもできるとしていたので、かなり広範にわたる地域から鉄道敷設を要望する陳情書や請願書が衆議院や貴族院の議長、あるいは鉄道会議の議長にあてて提出されることになった。鉄道会議の議長にも陳情や請願がなされたのは、鉄道会議が鉄道工事着手の順序、募集すべき公債金額などについて政府の諮詢を受けることになっていたからである。

こうして鉄道敷設法が制定されると、全国各地で鉄道誘致運動が活発となった。すでに一八九一年ごろから全国各地の個人や商業会議所、商工同盟会、あるいは蚕糸業連合会などの団体によって鉄道誘致を求める陳情や請願がみられた。また衆議院議員の間では鉄道修正同盟会という超党派の組織が結成され、鉄道敷設法に定められた鉄道敷設の順序に修正が求められた。同会は一八九三年一月に「鉄道修正同盟会趣意書」を著し、東京を中心に東北および西南に延びる縦貫線の敷設を急ぐべきであるとの立場から第二期線に編入された路線にも急施を要する路線が多くあるとし、岩越線《がんえつ》および鹿児島線の敷設を要請したのである。

その後、全国各地で私設鉄道の出願が相つぎ、八三年末には六三社に及んだ。鉄道会議では逓信大臣の諮問を受けて、この鉄道熱が経済社会にいかなる影響を及ぼすかを、委員会を設けて調査した。委員の一人渡辺洪基《ひろもと》は、「干渉政略」をとらずに「ズン〳〵之を許可」すべきであると報告した。鉄道会議では厳しい反論もあったが、委員会報告を可決した（「私設鉄道に関する鉄道会議委員の報告」『東京経済雑誌』第七〇七号、一八九三年一二月）。

鉄道敷設法のもとで私設鉄道の出願が続出したのは、予定線の敷設については帝国議会の協賛が必要となったが、予定線に編入されていないものについては、政府が「帝国議会の協賛を経るを要せずして、自由に之を許可するを得る」とされていたからである（「私設鉄道の計画」、同前、第七三〇号、一八九四年六月）。鉄道敷設法制定以後、政府は私設鉄道条例に依拠して私設鉄道の許否を判断していった。こうして、私設鉄道の時代がさらに進展していったのである。

第5章

鉄道開通がもたらしたもの——生活と社会の変容

I　旅と行楽

柳田国男のみた鉄道利用者

鉄道の開通は、なによりも人びとの旅や行楽のあり方を大きく変えた。民俗学者の柳田国男は、鉄道開通後の「旅」の変容について大変興味深い指摘をしている（柳田国男『明治大正史　世相篇』、同『秋風帖』）。

柳田によれば、鉄道の利用者には「汽車が無かったら、どれほど難儀をしてあるいて居たろうと思う人」と、「汽車が通じたから出て来たという人」の二つのタイプがあるという。そして後者のタイプの方がはるかに多く、鉄道が開通すると人びとは「釣り出されて遊覧の客となった」のである。

江戸時代の人びとは、神社・仏閣への参詣にかこつけて旅を楽しんでいたが、それでも鉄道の開通後と比べてみれば、かなり不自由であったといわざるをえない。まず、自然の障害があった。基本的に徒歩や馬背に頼るしかなかった当時の旅行者が、峠や大河をこえて旅行することがいかに困難であったかは想像に難《かた》くない。しかも、全国各所に関所が設けられており、通過するためには往来手形を携行しなければならなかった。

明治になり関所はなくなっても、自然の障害は変わらない。それを克服したのが鉄道だった。鉄道の開通によって、運賃さえ払えば誰もがどこにでも自由に行けるようになった。その結果、「汽車が通じたから出て来たという人」が大量に生み出された。

江戸時代の旅の目的は「巡礼」とは名ばかりで、団体でともに歩いて「道筋」を楽しむことにあった。この「巡礼」の旅は「名所巡りの旅」として、鉄道開通後にも衰えず引き継がれた。しかし、柳田が「縮地《しゅくじ》の術」と表現したように、鉄道は峠や舟路をたどった従来の交通路とはまったく異なったルートをとり、目的地までの所要時間を著しく短縮した。その結果「旅」は以前よりも「ずっと単純」になってしまい、江戸時代のように「道筋」を楽しむこともなくなった。汽車のなかで、団体旅行であれば宴会をしているうちに、一人旅でも寝たり本を読んだりしているうちに目的地についてしまう。そしてそれこそが、進んだ「旅」の有様であるかのごとく考えられるようになったのである。

では、「単純」化された鉄道の「旅」とはどのようなものであろうか。以下、いくつかの事例を紹介しよう。

「回遊列車」と松島観光

二〇世紀に入ると京都鉄道や関西鉄道の「観月列車」、阪鶴《はんかく》鉄道の「茸狩《きのこがり》列車」をはじめ、官鉄や私鉄の「回遊列車」とよばれる臨時列車を利用した、今日風にいえばパック旅行が各地で盛んに行われるようになった。天橋立《あまのはしだて》（京都府）、宮島の厳島《いつくしま》神社（広島県）とともに日本三景の一つにかぞえられる宮城県松島でも、回遊列車による観光旅行が計画された。

仙台駅前の仙台ホテルの主人・大泉梅五郎は、一九〇三（明治三六）年八月、「松島にぜひ回遊列車を走らせ」、多少損をしてもいいので東京から観光客を誘致したいと考え、日本鉄道会社に話を持ち込んだ。それまで松島には回遊列車が一度も走ったことがなく、東京市中に住む人びとのうち、松島に来たことがあるのは一〇〇〇人に一人ぐらいしかいなかったからである。仙台ホテルの経営者であった大泉は、できるだけ多くの人に松島に来てもらいたいと考えたのである。

日本鉄道会社も賛同し、いよいよ松島に回遊列車が走ることになった。回遊列車は二等と三等に分かれ、およそ二五〇名の団体旅行として計画された。上野駅を夜の八時四〇分に発車し、海岸線（現在のJR常磐線）を経由して仙台に向かうが、社内では乗客の世話係が「終夜腰をかける暇もなく客車内を来往し」、給仕は「扇子で乗客を煽《あお》」ぐなど、至れり尽くせりのサービスが施された。また、万一の場合に備えて技師や医者も同乗していた。

行く先々での歓待ぶりもすごかった。翌朝の六時に仙台駅につくと楽隊が出迎え、仙台ホテルで朝食をとった。ふたたび汽車に乗って塩竈《しおがま》に向かうと、ここでも提灯《ちょうちん》がつるされ、旗が振られるなど大変な歓迎ぶりであった。塩竈ホテルやえび屋の主人をはじめ、この地の旅館の主人たちが総出で迎え、二階、三階の休憩所でもれなく茶菓のサービスを受けた。回遊列車の一行は二四隻の遊覧船に分乗して松島湾をめぐるが、船中では弁当と正宗などのお酒もふるまわれ、さらに札幌麦酒会社の社員が大瓶ビールを一本ずつ配った。食事をしながら松島湾内の景勝地を楽しんでいると、二時間ほどで前岸の松島村につく。松島ホテルが休憩所にあてがわれ、あらかじめ仙台からよばれていた若い女性たちによる「塩竈甚句《じんく》」「ハットセ踊り」などの芸能、余興が饗《きょう》された。瑞巌寺《ずいがんじ》、観瀾亭《かんらんてい》、雄島《おしま》、五大堂《ごだいどう》をみてから塩竈に戻り、塩竈神社を参拝する。それからまた汽車で仙台に行き、ホテルで夕食をとってから夜八時発の列車に乗ると翌朝上野駅についた。

この回遊列車による団体旅行はホテルで食事はするが宿泊はせず、往復とも車中泊であった。柳田国男のいう、「旅」の「道筋」をまったく楽しまずに寝たまま目的地に辿りつく、著しく単純化された団体旅行であった。料金は五円五〇銭で、当時上野〜仙台間の三等列車による往復運賃が六円六銭であったことを考えると、朝・昼・夜の食事とお酒がつき、そのうえ遊覧船まで出してくれるのであるから破格の料金であったといえよう。仙台ホテルの主人たちは、赤字を覚悟で東京から観光客を誘致しようとしたのである。

観光地・日光の明暗

大森貝塚の発見者として知られるアメリカ人動物学者E・S・モースは、一八七七（明治一〇）年七月に東京から日光への旅を試みた。それは宇都宮までの六六マイル（一〇六・二キロメートル）を駅馬車で、さらに宇都宮から日光までの三〇マイル（四八・三キロメートル）を人力車でいくという、宇都宮泊一泊二日の行程であった。

宇都宮までの陸羽街道はニューイングランドの田舎道《いなかみち》よりもはるかに整備されていたが、宇都宮～日光間のいわゆる日光街道は馬車の往来もままならぬ悪路であった（E・S・モース著／石川欣一訳『日本その日その日』）。しかし一八八五年七月に日本鉄道が宇都宮まで路線を延ばすと、日光への避暑や参詣を目的にした内外国人の来遊が著しく増加し、日光市中の繁栄が顕著となった。『下野新聞《しもつけ》』には「日光近況」「日光通信」など、日光の情報が多く掲載されているが、それによれば「綿半《わたはん》」（日光の老舗《しにせ》の羊羹《ようかん》専門店）の羊羹が売り上げを伸ばしたばかりでなく、地価が著しく騰貴し一〇倍となった。また、ホテルや旅館の建築が盛んとなり、一八八八年から八九年にかけて日光ホテル、角丸ホテル、鈴木ホテルなどの洋風ホテルが開業した。日光ホテルは二〇〇余坪の二階建てで、「客室諸器械より浴室厠《かわや》までも欧米客舎の風に倣った、内外の諸新聞諸室内玉突等諸遊戯物をも備へ、通弁（通訳のこと）も熟練のものを使用」していた（『日光ホテル」『下野新聞』一八八八年九月三〇日）。さらに、北白川宮《きたしらかわのみや》らの皇族や三菱の岩崎弥之助《やのすけ》などの別荘も建築され、中禅寺《ちゅうぜんじ》温泉が開湯した。

こうしたなかで鹿沼《かぬま》町や今市《いまいち》町の有力者は、一八八六年六月、宇都宮〜今市間に資本金一二万五〇〇〇円、機罐《きかん》七馬力、軌間三フィート（九一四・四ミリメートル）以内の小鉄道の敷設を企てた。同鉄道は、その後日本鉄道と同じ普通鉄道に改められ日光鉄道と称することになった。

日光鉄道は一八八八年八月に株主総会を開き、渋沢栄一（第一国立銀行頭取）、川村伝衛《でんえ》（第三十三国立銀行頭取）、種田誠一《たねだせいいち》（東京馬車鉄道副社長）、安生順四郎《あんじょうじゅんしろう》（酪農家）、矢板武（下野銀行頭取）を創立委員に選出した（ただし、安生はのちに郡長に就任したため、野村惟一《ただいち》にかわった）。このうち安生と矢板は、それぞれ「日光山祠堂《しどう》ノ壮観及ビ名勝ヲ永《なが》ク永世ニ保存セン」ことを目的に設立された保晃会《ほこうかい》の副会長、幹事であり、そのほかの発起人のなかにも保晃会関係者が多くみられた。財界の大御所渋沢栄一も保晃会の活動に東京府下の委員としてかかわっており、その関係で日光鉄道の創立委員に選出されたものと思われる。

その後三〇万円と見込んでいた建設費が五〇万円に膨れ上がると、渋沢らの創立委員は日光鉄道の計画を簡易な軽便鉄道に改めようとしたが、鉄道局長官井上勝はそれを認めず、宇都宮〜日光間の鉄道敷設を日本鉄道に引き受けさせることにした。日本鉄道は一八八九年八月の臨時株主総会で宇都宮〜今市間の鉄道敷設を決議し、日光鉄道は同年九月に解散となった。

日本鉄道はさらに今市〜日光間の鉄道も敷設することにした。そして、一八九〇年六月に宇都宮〜今市間、同年八月に今市〜日光間が開通した。同社の『第十七回報告』（一八九〇年上期）は、日光線の乗客の大半は「日光山ノ廟閣《びょうかく》ヲ観覧スルモノ」と「避暑探幽ノ旅客」であるとみていた。

一八九〇年六月中の日光拝覧者は七二八二人にのぼったが、日光の小西旅館に宿泊した者は二一四四人にすぎなかった。日本鉄道日光線の開通で、日光山への拝覧者の数は増加したが、日帰り客が増えたため宿泊者が減り、「日光産物の売れ方も大に悲し」という状況となった（「日光拝覧人統計」『下野新聞』一八九〇年七月六日）。

一方日本鉄道は、往復割引切符の発売や回遊列車の運行など、日光の観光資源を生かした集客戦略を展開した。回遊列車は夏期の遊覧者のために運行され、一八九九年七月の例でみると、往路は上野発午前五時、日光着同八時二〇分、復路は日光発午後六時一五分、上野着同一〇時二〇分で、途中宇都宮、小山の二駅でのみ下車が許されていた（「日光回遊者の便利」『鉄道時報』第一九号、一八九九年七月）。

川崎大師へ――「初詣」のはじまり

近年の正月三ヶ日における初詣客の数を神社・仏閣別にみると、明治神宮、成田山新勝寺《しんしょうじ》、川崎大師がベストスリーで、いずれも三〇〇万人前後である。初詣は正月の伝統的な行事のように思われるが、それが定着するのは、意外にも鉄道が開通してからであった。初詣は、鉄道が生み出した正月三ヶ日の行事なのである（平山昇『鉄道が変えた寺社参詣』）。

明治天皇と昭憲《しょうけん》皇太后を祭神とする明治神宮の鎮座祭が行われたのは一九二〇（大正九）年であったから、明治神宮は別として、成田山新勝寺や川崎大師（金剛山金乗院平間寺《へいけんじ》）への初詣は、鉄道が開通しなければ決して実現することはなかった。そこで、まず川崎大師への初詣がどのようにして始まったかをみてみることにしよう。

江戸時代の考証家・斎藤月岑《げっしん》が一八三八（天保九）年に著した『東都歳時記《とうとさいじき》』によれば、近世後期の江戸の正月は、元日から月末まで初卯《はつう》、初不動《はつふどう》などといった初縁日にもとづく参詣が目白押しとなっており、元日には氏神（産土神《うぶすながみ》）への参詣や恵方詣《えほうもうで》が行われていた。恵方とは、その年の歳徳神《としとくじん》がいるとされる方角のことで、人びとは元日に恵方にあたる寺社の参詣に出かけたのである。しかし、初詣という慣習はまだ定着していなかったし、基本的には歩いて行ける範囲の寺社が参詣の対象となっていた。

川崎大師の初縁日（初大師）は正月の二一日で、人びとは江戸市中から川崎大師に徒歩で出かけていた。しかし一八七二（明治五）年五月に日本で最初の鉄道が品川〜横浜間に開通し、翌六月に川崎停車場が開設されると、川崎大師への参詣が格段に便利となった。そのため毎年一月二一日の初大師は、汽車を利用して参詣する人びとでにぎわうようになった。また川崎大師も恵方詣の対象となり、元日に恵方詣をする人が増えた。鉄道の開通によって恵方詣が広域化したといえる。

そのうちに、恵方にあたっている年もあたっていない年も、川崎大師は毎年元日に大勢の参詣客でにぎわうようになった。そして、この川崎大師の新しい参詣慣習がいつしか「初詣」とよばれるようになったのである。一八八五年一月二日付の『東京日日新聞』は「昨日より三ヶ日ハ川崎大師へ初詣の人も多かるべき」ため、新橋〜横浜間の急行列車を臨時に川崎駅に停車させたと報じている。「初詣」という言葉が使用されるようになったのはこのころからであったように思われる。

一八八九年の元日には臨時列車が走るようになり、その後は毎年恒例となった。こうして川崎大師への正月三ヶ日の初詣客は年々増大した。そしてもはや初詣は、縁日や恵方詣など縁起を重視して参詣する「信心参り」ではなく、郊外散策という行楽の「ついで」の参詣となった。川崎大師の初詣は、汽車に乗って手軽に郊外散策を楽しめるという、行楽としての魅力に支えられていたのである。

成田山は日帰りに

成田山新勝寺は成田不動として親しまれ、古くから多くの参詣客を集めていた。明治初年の東京から成田山への参詣は、深川付近から行徳《ぎょうとく》まで船で行き船橋で一泊、翌日は成田街道を大和田、臼井《うすい》、佐倉と進み、成田には夕刻につくという片道一泊二日の旅であった。翌日は、朝護摩《あさごま》を焚《た》いて往路と同じコースで戻った。駕籠《かご》や馬背などの交通機関があり、やがて人力車や馬車もあらわれるが、基本的には徒歩で往来しなければならなかった。

一八八三（明治一六）年に東京〜成田間を八時間余で結ぶ乗合馬車が運行を開始すると、所要時間はほぼ半分となった。さらに九四年一二月に総武鉄道本所《ほんじょ》〜佐倉間が開業すると、所要時間は佐倉で成田までの乗合馬車に乗り継いで三時間半となり、一挙に短縮された。これを契機に新勝寺への参詣客は激増したが、九七年一月の佐倉〜成田間に成田鉄道が開業するとこれに拍車がかかった。成田鉄道の前身で、九三年七月に出願された下総《しもうさ》鉄道（佐倉〜成田〜佐原間）の発起人総代が新勝寺貫主の三池照鳳《しょうほう》であったことからもわかるように、成田鉄道の設立には新勝寺も深くかかわっていた。こうして成田山新勝寺は、東京から日帰りで行ける「行楽圏」となった。

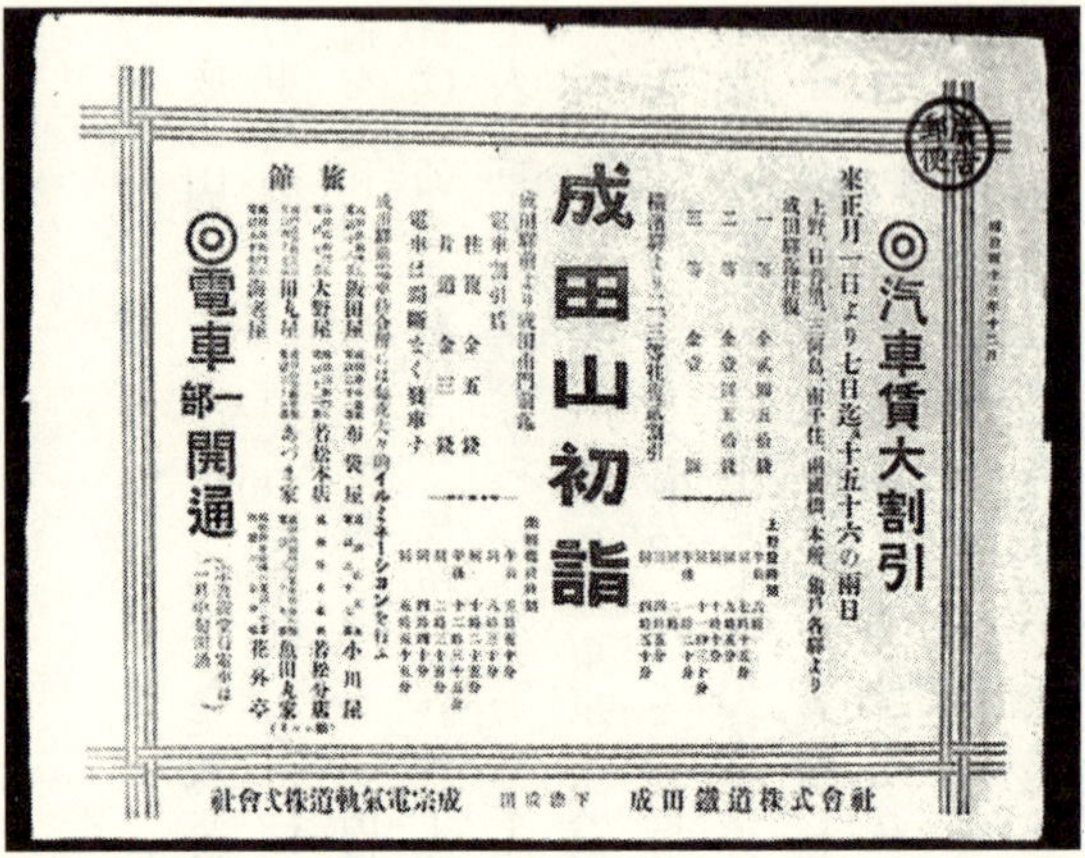

成田山初詣のパンフレット（1910年）

一八九八年一二月二二日付の『東京日日新聞』によれば、朝早く起きて本所駅で総武鉄道に乗って佐倉まで行き、そこで成田鉄道に乗り換えるとまもなく成田駅に到着し、四〇〇～五〇〇メートルほど歩くと新勝寺の不動堂の前に出る。お参りをして午後四時発の汽車に乗れば、六時四〇分には本所駅に戻ることができるという。

総武鉄道と成田鉄道は佐倉で接続するので、本所～成田間の直通列車を運転して参詣客の便をはかった。しかし、成田鉄道が一九〇一年四月に成田～我孫子《あびこ》間を開業して日本鉄道土浦線に接続すると、成田への東京側の起点は本所と上野の二ヵ所となった。

一九〇二年四月九日から五月二八日まで成田不動尊の大開帳が行われた。総武鉄道は参詣客の利便をはかるため、四月九日から成田駅往復にかぎり普通三割引、二〇〇〜三〇〇人の団体三割五分引、三〇〇〜四〇〇人の団体四割引、四〇〇〜五〇〇人の団体四割五分引、五〇〇人以上の団体五割引という大幅な運賃割引を実施するとともに、両国発の列車を増発した。一方成田鉄道は、やはり四月九日から上野発の直通列車にかぎり車内に喫茶室を設け、ビール、ブランデー、ベルモット、コーヒー、紅茶、水菓子、菓子などを販売し、オルガンを備えて乗客が自由に弾けるようにした。このような乗客サービスは、日本の鉄道史上初めての試みであった。成田鉄道は日本鉄道の資本系列化にあったため、親会社の増収に寄与するためには、我孫子経由の汽車のサービスに力を入れなければならなかったのである（「総武成田両鉄道と成田不動の開帳」『鉄道時報』第一三四号、一九〇二年四月）。

私鉄各社の旅客誘致策

観光客や行楽客の誘致は、私鉄経営にとって重要な経営戦略の一つであった。大阪〜名古屋間で官設鉄道と熾烈《しれつ》な競争を演じていた関西鉄道にとって、一九〇三（明治三六）年の三〜七月に大阪の天王寺《てんのうじ》で開催された第五回内国勧業博覧会は絶好のビジネスチャンスであった。関西鉄道は博覧会の会場内に停車場を設置し、湊町《みなとまち》駅、天王寺駅および博覧会駅から山田を経て名古屋方面にいたる、低廉な「回遊切符」を発売して集客に努めた。

成田鉄道車内の喫茶室風景（『成田鉄道名勝誌』1903年）

関西鉄道の集客戦略は見事に成功し、博覧会開催期間中の乗客収入は前年同期よりも四〇万九四二〇円ほどの増収となった。しかも増収額のうちの三一万二四〇八円は梅田〜湊町間のわずか八マイル（一二・九キロメートル）ばかりの市内線からの収入であった。第五回内国勧業博覧会は成功裡《せいこうり》に幕を閉じたが、関西鉄道も良好な営業成績を収めたのである。

私鉄各社は、そのほかにもさまざまな集客策をとった。大阪鉄道は修学旅行生や通常の団体客に割引運賃を適用し、南海鉄道は難波《なんば》〜和歌山間の直通乗客にかぎり往復割引切符を発売した。また関西鉄道は沿線の月瀬《つきがせ》（奈良県）の観梅客に、大阪鉄道および奈良鉄道は宇治の「ほたるがり」客（大阪鉄道市内駅から奈良鉄道宇治駅まで）に二割引切符を販売した。

山陽鉄道は徳山～門司間に連絡汽船を運行し、本州と九州との間の車船連絡の便をはかった。所要時間をみると、神戸～門司間一六時間、大阪～門司間一七時間一二分、京都～博多間二二時間五〇分、東京～長崎間四七時間三〇分であった。また、京都・大阪・神戸～門司間、広島・横川・己斐《こい》～門司間の車船連絡割引切符（二割引）も発売した。

山陽鉄道の経営で興味を引くのは、一八九九年五月から食堂車の運行を始めたことである。食堂車は京都～三田尻間で連結され、洋食のサービスが行われた。成田鉄道で喫茶室が設けられたことは先に述べたが、日本鉄道、九州鉄道、讃岐鉄道（のち山陽鉄道に合併される）などでも食堂車が運行され、南海鉄道では喫茶室の設備をもつ客車が走った。

寝台車も運行されるようになった。山陽鉄道では一九〇〇年四月から一等寝台車の使用を開始し、官設鉄道でも同じころに一等寝台車を急行列車に連結し、食堂車も使用しはじめた。食堂車や寝台車は一等車、二等車にかぎられていたが、のちには三等車にまで拡大された。

II　変わりゆく地域と産業

河岸場の盛衰——利根川べりの山王堂村

鉄道の開通は、地域の産業や経済に大きな影響をもたらした。社会運動家として知られる石川三四郎は、一八七六（明治九）年に埼玉県児玉郡山王堂村《さんのうどう》（現・本庄市）の利根川べりの船着問屋の三男として生まれた。石川は自叙伝のなかで、一八八四（明治一七）年に日本鉄道が開通したころの村の変化を書きとめている。

山王堂村の人びとは、ほとんどが船着問屋の石川の家で船乗りとして働くか、それにつらなる渡世に従事し、平穏な日々を過ごしていた。しかし日本鉄道が開通すると村の生活は一変した。船着場であった山王堂村は「全村失業状態」となり、「軒の傾かぬ家」「雨のもらぬ家」は稀《まれ》になった。利根川河口の銚子《ちょうし》（現・千葉県銚子市）との間に蒸気船を走らせたりする者もいたが、うまくはいかなかった。石川の父も本庄停車場の前に運送店を開業したが失敗し、多額の借金だけが残った。年貢米の輸送を担い、長い間幕府の特権に保護されてきた山王堂村の人びとは、鉄道の開通によって、資本主義の競争原理に巻き込まれ、厳しい生活を強いられるようになったのである。

しかし利根川の豊かな水流と日本鉄道が交差するこの一帯は、蚕糸《さんし》業、織物業地帯として息を吹き返すことになる。本庄周辺には器械製糸場や繭《まゆ》市場があらわれ、秩父銘仙《ちちぶめいせん》や伊勢崎《いせさき》銘仙が隆盛となった。

もともと本庄は伊勢崎機業圏の一角をなしていた。それは、一八八八年から八九年にかけて群馬県前橋の高瀬四郎《たかせしろう》らによって、伊勢崎本庄馬車鉄道（伊勢崎～本庄間）の設立が計画されたほどであった。同馬車鉄道は実現しなかったが、伊勢崎には一八八九年に両毛鉄道が開通し、前橋で日本鉄道とつながった。

また秩父銘仙で知られる秩父地方には、日本鉄道開通後秩父新道（本庄～秩父大宮間）が開鑿《かいさく》され、のちには上武鉄道（現在の秩父鉄道）が開業した。こうして日本鉄道開通後本庄周辺の道路輸送、鉄道輸送が整備され、かつての河岸《かし》場《ば》の村に新しい産業が芽生えたのである。

舟運から鉄道輸送へ——両毛の織物

栃木、群馬両県にまたがって両毛機業地とよばれる織物産地がある。栃木県の栃木、佐野、足利、群馬県の大間々《おおまま》、桐生《きりゅう》、伊勢崎などでは幕末から明治期にかけて織物業が盛んとなった。田口卯吉によれば、一八八〇（明治一三）年ごろの足利は戸数三〇〇〇戸ばかりの「都会」で、輸入綿糸と生糸を「巧みに織交《おりま》ぜ」た足利織物を製造しており、夜の一二時過ぎまで「箴《はり》打つ音」が「バタバタと響」き、商業も活発であった。足利織物は価格が安く、丈夫ではないが人気があり、「現今内地の国々に売捌《うりさば》かざる所はなきよしなり」と販路を全国に拡大していた（「下野足利の景況」『東京経済雑誌』第四三号、一八八〇年一一月）。

この両毛機業地で、前述のように足利の機業家市川安左衛門や織物買継商の木村半兵衛らを中心に鉄道誘致運動がおこった。日本鉄道上野〜熊谷間が開通してまもない一八八三（明治一六）年一二月、熊谷で分岐し、足利、佐野、栃木、鹿沼を経て宇都宮にいたる路線、つまり日本鉄道第二区線を両毛機業地の中心市場足利に誘致しようとしたのである。

しかし、この鉄道誘致運動は暗礁《あんしょう》に乗り上げてしまった。すると、木村半兵衛らは一八八六年一一月に「両毛鉄道会社創立願書」を提出し、日本鉄道第二区線（東北線）の小山駅から栃木、佐野、足利、桐生、大間々、伊勢崎を経て同第一区線（高崎線）前橋駅にいたる鉄道の設立を計画した。両毛鉄道は翌八七年五月に設立され、木村半兵衛と親交のあった田口卯吉が社長に就任し、木村は副社長となった。

両毛鉄道は一八八九年一一月に全線開業したが、当初の営業成績は必ずしも良好とはいえなかった。小山、前橋で日本鉄道に接続し、開業路線が短かったというだけでなく、渡良瀬《わたらせ》川の舟運貨物を奪うことができなかったのである。しかし一八九六年上半期には「従来川船に拠りたるもの、水運の衰退と共に漸《ようや》く鉄道を利用」するようになり、経営が好転した（「各私設鉄道運輸営業概況」『鉄道雑誌』第二八号、一八九六年一一月）。足利や桐生の織物は、北猿田河岸《きたさるたかし》から渡良瀬川を下って利根川に出て、古河《こが》、関宿《せきやど》を経て東京に輸送されていた。また伊勢崎織物も利根川の平塚河岸から東京に舟運で輸送されていたが、これらの織物が両毛鉄道や日本鉄道によって輸送されるようになったのである。

両毛鉄道は、一八九五年九月、神奈川や東京方面への延長線の敷設を計画した。神奈川延長線を計画したのは、これまで「内地」の市場に依存してきた織物の「海外輸出」が増え、原料も八割近くを「横浜市場」に仰ぐようになったからである。また東京への延長線は、日本鉄道に依存することなく東京市場に自社線を乗り入れるためであった。

しかしこの計画は毛武《もうぶ》鉄道などの競争線が出現したため実現せず、両毛鉄道は一八九七年一月に日本鉄道に合併され、短い生涯を閉じた。

「鉄」のシルクロード

山本茂美《しげみ》『あゝ野麦峠《のむぎとうげ》』（一九六八年）でも知られているように、長野県では明治中期から養蚕・製糸業が主要な産業となった。なかでも諏訪《すわ》地方における器械製糸業の発達は著しく、蚕糸業者たちは「鉄《くろがね》」のシルクロード、すなわち輸出生糸や原料繭《まゆ》を効率的に輸送する鉄道の敷設に奔走した。

諏訪地方の生糸は、もともとは甲州街道で八王子まで運ばれ、そこから横浜街道を通って開港場・横浜に輸送されていた。ところが一八九三(明治二六)年四月、高崎~直江津間に鉄道が開通すると、和田峠をこえて上田付近の田中駅にもちこめば、そのまま横浜まで鉄道で輸送されることになった。しかし、諏訪地方の蚕糸業者は、田中駅では遠いので上田駅と田中駅の間に大屋駅を開設し、さらに生糸輸送の便をはかりたいという陳情活動を展開した。その結果、九六年一月に大屋駅が開設され、同駅が繭や生糸の集散地となった。

また一方で、諏訪の蚕糸業者は、鉄道敷設法が制定され中央線が第一期予定線に編入されると、中央鉄道期成蚕糸業連合会を組織し、九二年一二月に「対中央鉄道蚕糸業者意見」を政府および帝国議会の関係者に提出した。彼らはもっぱら輸送コストの低減と輸送時間の短縮をはかるという目的で、神奈川県から長野県の諏訪・伊那両郡を経て、愛知県三河より名古屋にいたる鉄道の敷設を要望した。

中央線は八王子から甲府、諏訪を経て西筑摩郡から名古屋にいたる路線となっていた。しかし、笹子《ささご》峠などの難所もあり、工事はなかなか進まなかった。そこで蚕糸業者は一九〇二年六月に篠ノ井~松本間が開通すると、松本から塩尻《しおじり》ないし岡谷《おかや》までの鉄道速成を請願した。諏訪郡長や諏訪生糸同業組合も甲府~塩尻間の速成を請願した。

中央線は一九〇三年六月に八王子〜甲府間が開業し、翌〇四年一二月には富士見まで路線が伸びた。しかし、岡谷までの延伸は日露戦争のために繰延《くりのべ》となった。片倉兼太郎《かねたろう》、今井五介《ごすけ》ら諏訪の製糸業者は、中央線鉄道速成同盟会を結成して工事の継続を請願し、日露戦争後の〇五年一一月、岡谷までの開通にこぎつけた。

こうして諏訪地方には「鉄」のシルクロードが延伸し、横浜への輸出生糸も、関東・東北地方から購入する原料繭も、基本的に鉄道のみで輸送できるようになった。その結果、横浜までの生糸一個あたりの輸送コストは、一九〇二年の一円二〇銭から五〇銭に下がり、岡谷〜横浜間を一七時間余で結ぶ直行貨物列車も運行された（中林真幸「製糸業の発達と幹線鉄道」）。また、諏訪地方の生糸生産額は、一九〇五年の一八万二九九二貫から翌年には二三万七七四四貫へと、中央線の岡谷までの開通を契機に約二六パーセントも増加した（前掲『本邦鉄道の社会及経済に及ぼしたる影響』中巻）。製糸王国・長野の礎は、このようにして築かれたのである。

筑豊の運炭鉄道

鉄道業は、石炭鉱業の発展にも大きな影響を及ぼした。石炭の迅速で安価な輸送を実現するとともに、みずからも膨大な石炭需要を創出したのである。一八八〇年代前半までの石炭市場をみると輸出が出炭高のほぼ五割を占め、国内消費の中心は製塩用であった。製塩用の割合は、一八八四年には五七・四パーセント、八六年には五三・一パーセントであった。

しかしこうした石炭市場の構造は、一八八〇年代後半以降の綿糸紡績業を中心とした近代的な工場生産の展開、鉄道・海運の発展などによって大きく変化した。一八八八年には製塩用が五割を切って三五・四パーセントとなり、船舶用（三五・八パーセント）、工場用（二六・三パーセント）の比率が上昇した。鉄道用はなお二・五パーセントにすぎなかったが、日清戦争後の一八九六年には八・五パーセント、鉄道国有法の成立をみた一九〇六年には一四・三パーセントまで比率を伸ばした（今津健治「戦前期石炭の消費地への輸送」）。

この過程で産炭地にも変化が生じた。出炭高で肥前《ひぜん》地方（長崎県・佐賀県）にかわって筑《ちく》豊《ほう》地方（福岡県）がトップの座を占め、北海道の幌内《ほろない》炭や福島県・茨城県の常磐炭の出炭高も増加した。一八八六年における筑豊炭の全国出炭高に占める割合は二一パーセントであったが、九〇年には三〇パーセント、九四年には四〇パーセントとなり、九七年には五〇パーセントをこえ、日本の石炭鉱業における主導的地位を確立した。

筑豊炭の輸送は、炭田の中央部を流れる遠賀《おんが》川の舟運によって担われ、「川ひらた」とよばれる小舟で積出港の若松《わかまつ》まで輸送されていた。こうしたなかで福岡県会議員の村田吉景《よしかげ》、林芳太郎《よしたろう》らが鉄道による石炭輸送を企て、一八八七年六月に若松〜直方《のおがた》〜飯塚間、直方〜赤《あか》池間《いけ》の筑豊興業鉄道の設立を出願した。筑豊炭鉱の出炭高が増加し、遠賀川の舟運のみでは対応できなくなり、麻生太吉《あそうたきち》や安川敬一郎《けいいちろう》らの炭鉱経営者が鉄道敷設を要望するようになったからである。筑豊興業鉄道は一八八九年七月に設立され、資本金は一〇〇万円であった。筑豊の炭鉱経営者の出資額は少なく、資本金の半数以上を東京資本に依存し、初代社長には近江宮川藩の最後の藩主で子爵の堀田正養《ほったまさやす》が就任した。

筑豊興業鉄道は一八九一年八月に若松〜直方間、九二年一〇月に直方〜小竹《こたけ》間、そして九三年二月に直方〜金田《かなだ》間を開業した。九州鉄道が博多〜門司間を開業していたので、筑豊の石炭は若松および門司の積出港まで遠賀川舟運にかわって鉄道で直接輸送できるようになった。筑豊炭鉱の出炭高は一八九二年に一〇〇万トンとなり、九五年には二〇〇万トンをこえた。筑豊の石炭輸送は、一八九一年には出炭高の九七パーセントを遠賀川の舟運に依存していたが、九四年には四九パーセントを鉄道に依存するようになり、九九年には鉄道と舟運の比率はほぼ七対三となった（前掲『本邦鉄道の社会及鉄道に及ぼせる影響』中巻）。

筑豊地方では出炭高の増加にともない九州鉄道の石炭輸送が活発となり、豊州鉄道、唐津興業鉄道などの運炭鉄道も設立された。なお筑豊興業鉄道は、一八九四年八月に筑豊鉄道と社名を変更し、九七年一〇月に九州鉄道に合併された。

III 広がる地域格差——「裏日本」と東北

鉄道敷設の地域偏差

一八九五（明治二八）年、自由貿易主義を旗印に『東洋経済新報』が創刊された。同誌は、第一次世界大戦が勃発した翌年の一九一五（大正四）年四月に刊行した臨時増刊号で「会社事業と戦後経営」という特集を組み、明治期における日本の経済発展を支えたのは汽船と鉄道であったとしている。汽船の発明と進歩が「不毛の荒海」を「平和な生産的の湖沼」とし、鉄道の普及と改良が「無限に新事業を誘起」し、「山間僻地《へきち》」でさえ「経済上の宝庫」にかえてしまったという。鉄道は電力とならぶ典型的な社会資本で、旅客や貨物の大量かつ迅速で低廉な輸送という「外部経済の利益」をもたらし、諸産業の発展に寄与し経済発展を促進した。

しかし一九一一（明治四四）年における日本の鉄道の路線延長は五二五九マイル（八五一九・七キロメートル）で、同時期の欧米諸国と比べるとベルギーを上回ってはいるものの、アメリカ、ドイツ、ロシア、フランス、イギリス、イタリアには及ばなかった。また一〇〇平方マイルあたり路線延長は三・六マイル（五・八キロメートル）で、ロシアを上回ってはいるもののそのほかの国々には及ばず、人口一万人につき路線延長ではいずれの国々にも及ばなかった。日本の鉄道の路線延長は、欧米諸国と比べるとなお十分とはいえなかった。

ただ、問題は単に路線延長だけではなかった。明治末期の日本の鉄道網には、かなりの地域偏差がみられたのである。すなわち、四国は「殆《ほと》んど無鉄道の状態」で、九州では佐伯《さいき》線、川内《せんだい》線、宮崎線が開業しているが、東西の連絡は十分ではなかった。中国地方では津和野《つわの》線、山口線、浜田線が完成しなければ太平洋側と日本海側との連絡ができない。北陸地方から東北地方にかけては、小浜《おばま》線、村上線、新庄《しんじょう》線が完成すれば日本海側にも縦貫線が実現することになるが、見通しがたっていない。そのほか、紀和《きわ》、信越《しんえつ》、房総《ぼうそう》、北海道などの諸地域においても鉄道は不足していた。鉄道の地域偏差は、日本経済の地域格差を生む要因となった。

ただ注意しなければならないのは、鉄道が敷設されたからといって必ずしも地域経済が発展するわけではないということである。新渡戸稲造《にとべいなぞう》が『農業本論』（六盟館）のなかで、「余は即《すなわち》知る、鉄道の敷設ありて小都会は為《ため》に人口を稀少にし、大都会は為に愈々《いよいよ》人口を増加せしを」と述べているように、鉄道の敷設は地域格差を拡大していく場合もあった。鉄道は、どの地域をも平等に発展させたわけではなかったのである。

つぎにみるように、山陰地方の島根県は鉄道敷設の遅れによって、東北地方の青森県は鉄道の開業によって、いずれも日本経済が工業化・産業化を推進していくなかで、食糧、原材料および労働力の供給地に位置づけられていくのである。

伝統産業の衰退

大阪毎日新聞社が一九三二（昭和七）年に出版した『経済風土記』（中国の巻）は、山陰地方の島根県について「貧弱な物資と交通の不便、これがいつしか人々をして、この地方を裏日本とよばしめるようになった」としている。日本海側の山陰地方や北陸地方は、交通が不便で貧しい地域というイメージが定着し、太平洋側の「表日本」に対し「裏日本」とよばれるようになったのである。

「表日本」「裏日本」という地域区分がはじめてなされたのは、一九〇七（明治四〇）年に東京博文館から刊行された山崎直方《なおまさ》・佐藤伝蔵編『大日本地誌』巻五においてであった（内藤正中『島根県の百年』）。産業革命期における日本経済の不均等発展が、工業化・産業化の進んだ「表日本」へ食糧（米）、原材料、労働力を供給する「裏日本」を形成したのである。

しかし、山陰地方がはじめから後進的であったわけではない。松江市は一八八九年四月に市制を施行するが、その年の一二月末日の人口は三万五八〇四人で、全国で二二番目であった。また松江商業会議所は、全国で四〇番目の商業会議所として一八九四年三月に誕生した。

この時点で、松江は一定の納税資格をもつ商工業者が存在するなど、商業会議所の設立要件を満たしていたのである。

ところが島根県は、一九〇〇年以降経済発展が鈍化する。中央集権的な資本主義経済の発展のなかで、木綿、鉄、紙などの伝統産業は壊滅的な打撃を受け、それにかわる新産業も成長しなかった。こうして島根県の工業化・産業化は遅れ、農業中心の地域に特化していった。同じ日本海側の地域でも、福井県や石川県などの北陸地方では輸出羽二重《はぶたえ》や縮《ちぢみ》など絹織物生産が発展した。福井・石川の両県は一八八九年に東海道線が開通すると、敦賀から京阪神につながるとともに、東京や横浜にもつながっていくからであった。それに対して島根県では鉄道の開通が遅れ、長らく海上輸送に依存せざるをえなかった。船も鉄道も大量輸送手段であることには間違いないが、迅速で低廉な輸送という点では鉄道が船を圧倒していた。

山陰地方でも鉄道敷設の動きがないわけではなかった。一八八七年九月には、島根県と鳥取県の県会議員有志が岡山から境港《さかいみなと》にいたる陰陽連絡鉄道の敷設促進を決議した。また九〇年一一月には、鳥取県会議長らが岡山から津山《つやま》、倉吉《くらよし》、米子《よなご》を経て境港にいたる鉄道敷設を請願した。岡山から津山、四十曲峠《しじゅうまがりとうげ》、根雨《ねう》を経て米子にいたる中国鉄道の設立も計画された。

一八九二年六月に鉄道敷設法が制定され、陰陽連絡鉄道が敷設予定線に設定されると、山陰地方の各地で鉄道誘致運動が活発となった。しかしそれにもかかわらず、山陰地方の鉄道敷設は大幅に遅れた。山陰線松江〜米子間が開通したのは一九〇八年一一月、同線が京都まで開通したのは一二年三月、そして山陰線京都〜松江〜幡生《はたぶ》間の「裏日本縦貫線」が全通するのは三三（昭和八）年二月であった。山陽鉄道が兵庫〜明石間を開業したのは一八八八（明治二一）年一一月、神戸〜馬関（下関）間の全通は一九〇一年五月であったから、山陽地方に比べると山陰地方は鉄道の敷設がだいぶ遅れたことになる。この鉄道敷設の遅れが、山陰地方に「裏日本」という刻印を捺《お》した決定的な要因であった。

青森県人・陸羯南の予言

一八九一（明治二四）年九月に日本鉄道が全通するまで、青森県の交通の便は著しく悪かった。主要な交通手段は陸上では馬、馬車、人力車、海岸部や河川の沿岸部では和船か川舟があっただけで、冬季には太平洋沿岸の南部地方以外は降雪によって交通が途絶え、人びとの移動は徒歩か馬橇《ばそり》に依存せざるをえなかった。

青森から東京に出るのには、陸路で行くと徒歩で二〇日、馬車を使うと一二日ほどの日数を要し、運賃は二三〜二四円であった。また海路では函館経由の汽船によって結ばれ、所要日数は片道四、五日であったが、一日に一便しかなく旅客や貨物の輸送力は限られていた。

日本鉄道が延伸すると、このような青森県の交通に革命的な変化が生じ、青森〜東京間の所要時間は二六時間四〇分、運賃は下等四円五五銭、中等九円一〇銭、上等一三円六五銭となった。鉄道は旧来の馬車などと比べ、はるかに迅速で低廉な交通手段であった（小岩信竹ほか『青森県の百年』）。

しかし、だからといって日本鉄道の開通が東北地方の経済発展を促進したわけではなかった。青森県の出身で、東京で新聞人として活躍していた陸羯南《くがかつなん》は、『東奥日報』（一八九〇年七月一三日）に「鉄道敷設後の陸奥《むつ》国（承前）」を寄稿している。そのなかで、日本鉄道の全通によって東北地方は「利益を享受」するが、「利益の旁《かたわ》らには必ず弊害」があると警鐘を鳴らしていた。陸によれば、その弊害とは「生産と消費との不釣合」にほかならなかった。すなわち、鉄道が開通し交通の便がよくなると人びとの需要が増加する。しかし東北地方は「農産水産」の地なので、需要を他の地方に仰がなければならない。試みに「農産水産」の年額を一五〇万円、他の地方に仰ぐ「需用品の総額」も一五〇万円とし、前者は増加しないが後者は二割ほど増加すると仮定する。すると「需用品の総額」は一八〇万円となり、青森県は三〇万円を失うことになる。

事実、日本鉄道が全通すると青森県には大量の県外品が流入した。たとえば麻布に綿糸を用いて幾何学的な模様をさしこんだ「コギン」とよばれる津軽《つがる》地方独特の晴れ着は、県外からの安価な衣料品の流入によって衰退を余儀なくされた。ただし、陸羯南が停滞すると予測した農林水産品でも、津軽地方のりんご、南部地方の木炭、盛岡のキャベツ、秋田の木材などの東京方面への出荷が増大した。また青森町では、北海道近海からの漁獲物を東京方面に出荷するようにもなった（前掲『青森県の百年』、前掲『本邦鉄道の社会及び経済に及ぼしたる影響』中巻）。

しかし、東北地方の農林水産品が東京市場に大量に出荷されるようになったとはいっても手放しで喜べるわけではなかった。半谷清寿《はんがいせいじゅ》『将来之東北』（一九〇六年）によれば、日本鉄道の開通以来、東北地方ではほぼ三〇年にわたって木材や米穀、薪炭《しんたん》など多くの商品を東京に移出してきたが、それによって「成功したものは殆んど絶無」であった。東北地方には「利益を得て東京より帰れる持込商と、地獄より戻れる人に遇《あ》ひしことなし」という言い伝えがあるが、東北地方の持込商は東京人によって「虐待」されつづけてきたのである。

こうして東北地方は日本鉄道の開業以後、日本の工業化・産業化が進行していくなかで、「水稲単作地帯として食糧および労働力の供給基地」に位置づけられ、やがて「電力エネルギーの供給基地」としての性格も付与されていくのであった（岩本由輝『東北開発１２０年』）。

第6章　国有鉄道の誕生——帝国鉄道網の形成へ

I　鉄道敷設法の公布以後

官鉄を凌駕する私鉄

一八八六（明治一九）年から八九年にかけての鉄道熱は、九〇年恐慌によって一時鎮静化したが、日清戦争（一八九四〜九五年）後に再燃した。そして、一九〇六年の鉄道国有化にいたるほぼ一〇年の間、北海道炭礦鉄道、日本鉄道、山陽鉄道、関西鉄道、九州鉄道の五大私鉄をはじめとする私設鉄道が著しい発展をとげ、まさに「私設鉄道全盛の時代」（経済雑誌社編『国民経済四十年史』）を迎えた。

私鉄が、開業距離で官鉄を初めて上回ったのは一八九〇年度であった（図6-1）。八九年七月に三七六マイル三一チェーン（六〇五・六キロメートル）の官設東海道線が開通したが、翌九〇年度の私鉄の開業距離は八四八マイル四三チェーン（一三六五・二キロメートル）となり、官鉄の五五〇マイル四九チェーン（八八五・九キロメートル）を凌駕《りょうが》したのである。また、開業距離のみならず、私鉄は第一次鉄道熱期を経て、機関車、客車・貨車の所有数、さらには旅客・貨物の輸送量においても官鉄を上回るようになった。そして、九二年六月に鉄道敷

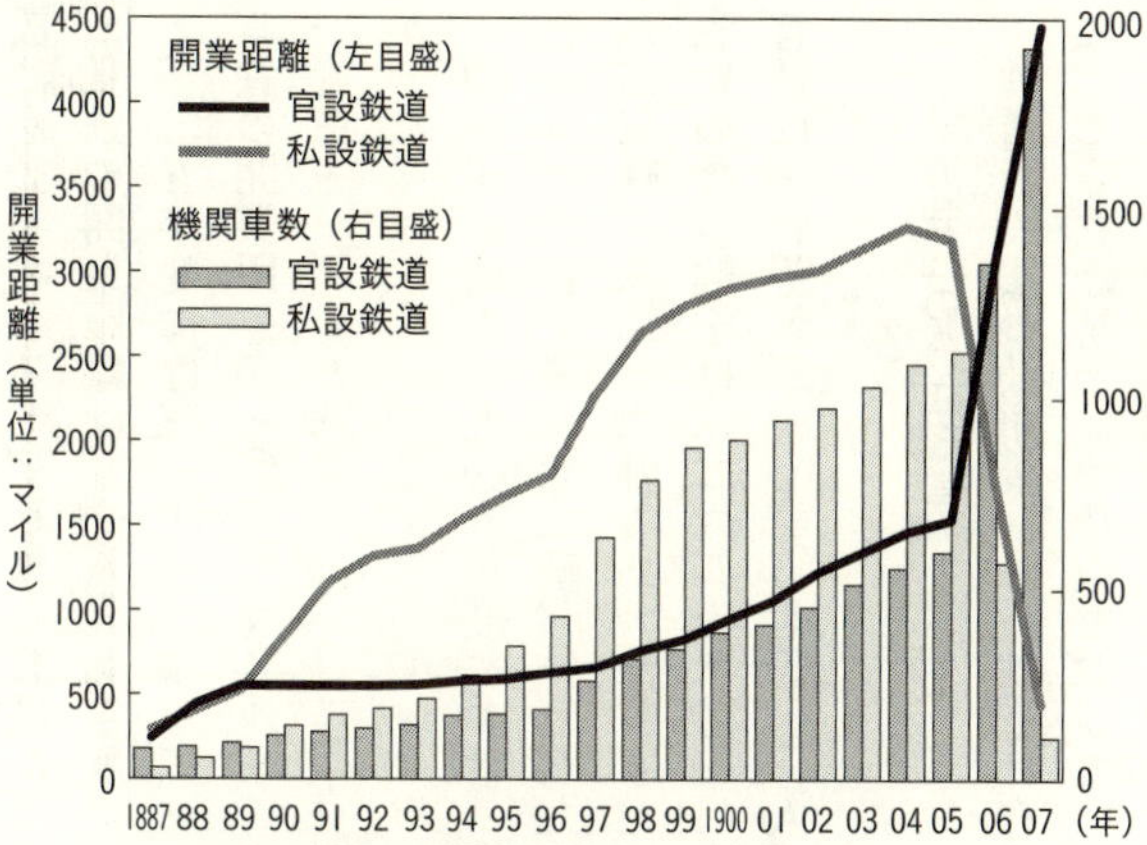

注：開業距離には借受線も含む。

図6－1　官私鉄別開業距離、機関車数の推移

出典：鉄道院『明治四十年度鉄道局年報』1909年。

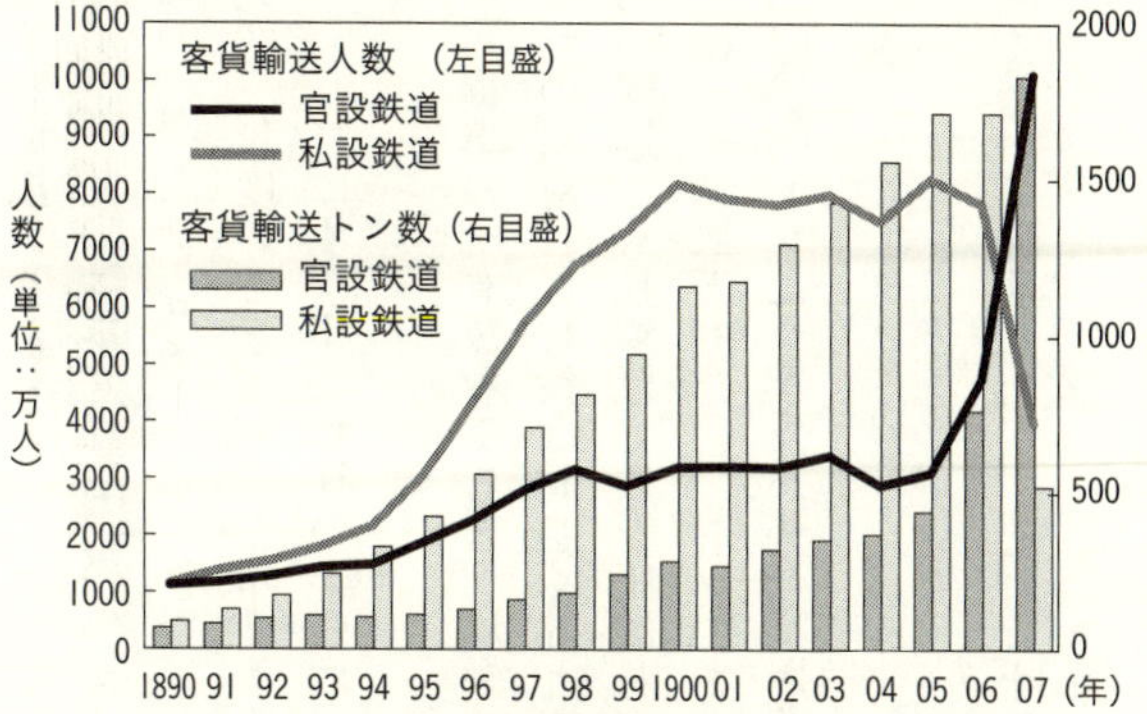

注：万人、万トン未満は四捨五入をした。

図6－2　官私鉄別鉄道客貨輸送の推移

出典：鉄道院『明治四十年度鉄道局年報』1909年。

設法が公布されると、私鉄の官鉄に対する優位はますます拡大した。

私鉄の開業距離は、一八九七年度に二〇〇〇マイル、一九〇二年度に三〇〇〇マイルをこえ、〇五年度には三一四七マイル五一チェーン（五〇六四・五キロメートル）となった。一方、官鉄の開業距離が一〇〇〇マイルをこえるのは一九〇一年度のことで、〇五年度になっても一五三一マイル五八チェーン（二四六四・五キロメートル）にすぎず、私鉄の半分にも満たなかった。

国有化直前の一九〇五年度における機関車、客車、貨車の所有数をみると、私鉄はそれぞれ一一二三台、三六七二輛、一万八九四七輛であったのに対し、官鉄は同じく五九四台、一六三三輛、八二三六輛であった。また、旅客、貨物の輸送でも私鉄は官鉄を圧倒していた。私鉄の旅客輸送は八二六四万八〇〇〇人、貨物輸送は一七一二万七〇〇〇トンであったが、官鉄はそれぞれ三一〇二万七〇〇〇人、四四〇万三〇〇〇トンにすぎなかった（図6-2）。

小鉄道会社の分立経営

鉄道敷設法の公布後、私設鉄道は官設鉄道を上回る勢いで発展したが、それは小鉄道会社による分立経営という特徴をおびていた。

一八九一（明治二四）年度の私鉄の数は一二社で、開業距離は総計一一六五マイル四〇チェーン（一八七五・三キロメートル）であった。そのうち日本鉄道、山陽鉄道、九州鉄道、北海道炭礦鉄道、関西鉄道の五大私鉄の開業距離が一〇二一マイル四〇チェーン（一六四三・六キロメートル）に達し、全体の八七・六パーセントを占めている。五大私鉄以外では、両毛鉄道が五二マイル一七チェーン（八四・〇キロメートル）に及んでいたものの、そのほかの筑豊鉄道、讃岐鉄道、阪堺鉄道、伊予鉄道の開業距離はきわめて短かった。

その後一九〇〇年度には、私鉄の開業距離が総計二八七四マイル六二チェーン（四六二五・五キロメートル）となったが、そのうち五大私鉄のそれが一九〇〇マイル三六チェーン（三〇五七・九キロメートル）に及び、全体の六五・四パーセントを占めていた。しかし、同年度には五大私鉄のほかに鉄道会社が三六社もあった。そのなかには、北越鉄道、総武鉄道、阪鶴鉄道、豊州《ほうしゅう》鉄道など、開業距離が五〇マイルをこえる鉄道もあったが、多くはそれ以下の小規模鉄道であった（表6－3）。

このように一八九一年度から一九〇〇年度にかけて、五大私鉄の開業距離は一・九倍に増加した。一方、五大私鉄以外の私鉄の開業距離は七・四倍に増加しているが、鉄道会社数も五・一倍に増加しているため、一社あたりでみるとそれほど拡大したとはいえなかった。開業距離が五〇マイルにも達しない鉄道会社が過半を占め、龍崎《りゅうがさき》鉄道（茨城県）、西成《にしなり》鉄道（大阪府）、河南鉄道（大阪府）、佐野鉄道（栃木県）のように一〇マイルにも満たない鉄道も

七尾鉄道	34	27	1898	713
紀和鉄道	32	19	1898	1,334
成田鉄道	30	55	1896	1,876
播但鉄道	30	62	1894	1,112
讃岐鉄道	27	19	1889	1,300
甲武鉄道	26	77	1889	2,040
伊予鉄道	26	36	1888	600
参宮鉄道	26	11	1893	1,650
近江鉄道	26	01	1898	1,000
東武鉄道	24	63	1899	1,311
中越鉄道	23	06	1897	622
京都鉄道	22	16	1897	3,876
徳島鉄道	21	39	1898	800
上野鉄道	21	00	1897	400
川越鉄道	18	36	1894	336
唐津鉄道	18	32	1898	1,200
豊川鉄道	17	30	1897	500
高野鉄道	17	31	1898	1,500
南和鉄道	16	60	1896	728
尾西鉄道	15	46	1898	600
青梅鉄道	13	00	1894	200
太田鉄道	12	11	1897	358
豆相鉄道	10	51	1898	390
佐野鉄道	9	56	1894	150
河南鉄道	6	06	1899	276
西成鉄道	3	52	1898	1,650
龍崎鉄道	2	64	1900	41

表6－3　私設鉄道一覧

出典：鉄道院『明治四十年度鉄道局年報』1909年。

注：千円未満は四捨五入した。

【1891年度】

鉄道会社名	開業距離 マイル	チェーン	開業年	払込資本金（千円）
日本鉄道	591	61	1883	17,994
山陽鉄道	139	53	1888	7,010
九州鉄道	136	61	1889	5,663
北海道炭礦鉄道	94	20	1890	4,700
関西鉄道	59	05	1889	2,818
両毛鉄道	52	17	1888	1,500
大阪鉄道	32	47	1889	1,500
甲武鉄道	22	77	1889	810
筑豊鉄道	15	44	1891	734
讃岐鉄道	10	15	1889	297
阪堺鉄道	6	22	1886	330
伊予鉄道	4	18	1888	84

【1900年度】

日本鉄道	857	07	1883	45,300
九州鉄道	329	60	1889	30,221
山陽鉄道	312	69	1888	20,756
北海道炭礦鉄道	207	06	1890	7,230
関西鉄道	193	54	1889	20,696
北越鉄道	84	52	1897	3,700
総武鉄道	72	25	1894	3,840
阪鶴鉄道	68	33	1896	4,000
豊州鉄道	52	75	1895	6,080
南海鉄道	40	33	1897	3,842
房総鉄道	39	32	1896	1,297
岩越鉄道	39	11	1898	2,292
奈良鉄道	38	15	1895	2,350
中国鉄道	34	76	1898	3,100

あった。このような私設鉄道に加えて、東海道線、北陸線、中央西線、信越線、篠ノ井線、奥羽南線、奥羽北線などの官設線が混在していた。なお、例外もあって一概にはいえないが、開業距離の短い鉄道は営業係数や資本金利益率などの経営指標も良好ではなかった。

帝国鉄道協会の名誉会員として活躍していた大隈重信は、こうした鉄道網のあり方を、「一体日本の鉄道線路は此所《ここ》に官設鉄道があるかと思へば、其隣りに私設鉄道があるといふ具合で、鉄道統一といふことが出来て居らぬ」と論評した。官鉄、私鉄が入り乱れて敷設されており、著しく統一を欠いているというのである。そして、このような鉄道の不統一は「運輸上至極不便」であるので、「同じ系統の路線は官設なら官設線にし、又私設鉄道なら私設鉄道にせよ」と、鉄道の統一を主張した（「大隈伯を訪ふ」『鉄道時報』第二七一号、一九〇四年一二月）。

輸送力の増強と広軌改築の要求

一八九七（明治三〇）年当時の日本の鉄道について、有力な経済雑誌の一つ『東京経済雑誌』は、官私鉄ともに路線を延ばし「漸《よう》く進歩の運」に向かったと述べた。しかし、一方でそれは単に線路が延長したということにすぎず、輸送方法や速力、さらには旅客輸送サービスなどの面では改善が進まず、欧米諸国の鉄道と比較すれば、「殆《ほとん》ど大人と小児との如《ごと》し」

であるとも評していた（「官私鉄道の車輛数」『東京経済雑誌』第八八五号、一八九七年七月）。
実際、設備や制度の面でさまざまな問題をかかえており、全国商業会議所連合会には各地から改善要求がよせられた。そうしたなかで、神戸商業会議所は一八九四年に「官鉄運賃低減の要求」を、富山商業会議所は九六年に「官鉄信越線の運賃値下げ」を提案した。産業発展のために官設鉄道の運賃値下げを求めたもので、全国商業会議所連合会はこれを受け入れた。

しかし、この提案に対して、東京商業会議所は批判的であった。東京商業会議所によれば、「運賃引下ノ一点」のみに注目し、それを求めるのは「鉄道事業ニ対スル大体ノ観察」を欠いている。たとえば、官設東海道線の旅客・貨物は年々増加しており、「運搬力ノ不足」は明らかである。こうしたなかでいたずらに運賃を引き下げても、「鉄道設備ヲ完全」にし、「需要ト供給」のバランスをはからなければ、貨物の渋滞は解消しない。したがって、鉄道の利用を拡充するためには、「運賃ノ減額」ではなく、「運搬力ヲ拡張」することこそが重要である（「官線鉄道賃金引下ノ件調査報告」『東京商業会議所月報』第四四号、一八九六年四月）。

同じく大阪商業会議所も、東海道線の貨物輸送の渋滞を問題視した。そして、貨物列車仕立度数、機関車や列車の速力、貨物列車連接法、貨物取扱方、停車場内荷置場などの改善策を具体的に指摘していた（「官設鉄道運輸拡充に関する大阪商業会議所の建議」『東京経済雑誌』

第八八五号、一八九七年七月)。

東京商業会議所では、輸送力増強の方策として広軌鉄道問題について研究と審議が重ねられた。その結果、複線化や貨車・機関車の増備などの方法では輸送力の増強に限界があり、もはや広軌改築を断行するしかないという結論に達した(「広軌鉄道と商業会議所」『東京経済雑誌』第八四三号、一八九六年七月)。日本の鉄道は狭軌道であったが、それをより容量が大きい列車をより速く走らせることができる広軌道に改めることによって、輸送力が大きくなり、運輸上の時間と費用を節約できると考えたのである。そして、一八九六年一一月、逓信大臣に「広軌鉄道の義に付建議」を提出し、いまこそ鉄道の広軌改築を急がなければならないと主張した。

しかし、その後、広軌改築は鉄道政策の一方の基調となるものの、実現することはなかった。ちなみに、日本で最初の本格的な広軌鉄道は、戦後の高度成長期の一九六四(昭和三九)年一〇月に開業した東海道新幹線であった。そうしてみると、近年の整備新幹線網の拡充によって、広軌改築が全国的な規模に広がりつつあるといえるのかもしれない。

II　国有論の高まり

「鉄道ノ統一」のために

一八九八（明治三一）年ごろから鉄道輸送の統一をはかるために、鉄道の国有化を求める声が、財界や官界、軍部など各方面からあがりはじめた。

東京商業会議所と京都商業会議所は、一八九八年五月に「私設鉄道ヲ国有トナスノ建議」を内閣総理大臣などに提出した。そこでは、鉄道は「国家ノ最大交通機関」で、「其能《そのよ》ク関連統一シテ整然タル運転ヲ為《な》シ得ルト否トハ、直《ただ》チニ国運ノ隆替《りゅうたい》ニ関スルモノアリ」と鉄道の特性を把握し、国有化の必要性が強調された。国防上の理由などもあげられてはいたが、国有化は、官私鉄の併存、小鉄道会社による分立経営という鉄道敷設法体制下の諸問題を克服して、鉄道の「関連統一」を実現するために必要であると考えられていた（高城元監修・依田信太郎編纂『東京商工会議所八十五年史』上巻）。

官界では、一八九〇年に逓信省に入り、郵務・通信局長・逓信次官などを歴任した田健治《でんけんじ》郎《ろう》が、「予の鉄道国有を主張するの本旨は、一に鉄道の統一に在り」とし、国有化による鉄道の統一によって「運輸の疎通」「運搬力の増加」「設備の統一」などの効果がもたらされ、産業振興を促すと説いた（田健治郎「外資と鉄道」）。もちろん、国有化だけが唯一の方策ではなかった。大蔵省の阪谷芳郎《さかたによしろう》は、一九〇二年三月の経済学協会で私案「日本鉄道合同株式会社法案要綱」を示し、既設の官私鉄道を合同させて資本金五億円の半官半民の鉄道会社を設立することによって、鉄道経営や未成線の敷設をゆだねるという構想を発表した（「経済学協会例会討論題」『東京経済雑誌』第一一二三号、一九〇二年三月）。

また、私設鉄道間の合併や私鉄間および官私鉄間の連帯輸送なども試みられたが、いずれも十分な成果をあげることはなかった。私鉄間の合併についていえば、九州鉄道と山陽鉄道というような大私鉄間の合併は、計画されたものの実現にはいたらず、日本鉄道による水戸鉄道・両毛鉄道、関西鉄道による浪速《なにわ》鉄道・大阪鉄道・紀和鉄道・南和《なんわ》鉄道・奈良鉄道、山陽鉄道による播但《ばんたん》鉄道・讃岐鉄道、九州鉄道による筑豊鉄道・伊万里鉄道・豊州《ほうしゅう》鉄道・唐津鉄道など、大私鉄による中小私鉄の合併にとどまった。また、官私鉄間および私鉄間の連帯輸送も、運賃計算の煩雑さ、運賃の通算制や各社間の利害の対立などがあって、あまり機能しなかった。

日清戦争後、国有論に傾く軍部

軍部もまた、国有論に傾くようになった。明治初期の兵部省が排外的な立場から鉄道敷設に反対していたとはいえ、軍部はかなり早い時期から鉄道の軍事的な意義に着目していた。とりわけ一八七七（明治一〇）年の西南戦争で鉄道が軍事輸送に一定の役割を果たすと、鉄道に対する認識は一挙に高まった。

陸軍卿の大山巌は、戦時における鉄道利用に関する総合的な調査を開始し、一八七九年には鉄道局に対して所有車輛《しゃりょう》の種類、数量、性能および運行状況についての報告を求めた。また、一八八一年に設立された日本鉄道会社に対しては、「非常ノ事変、兵乱ノ時」には、鉄道を政府の命令に応じて自由に使用させる「義務」を負わせた。そして八四年二月には、三条実美太政《だじょう》大臣が、「鉄道ノ布設変換ハ軍事ニ関係有之候条、処分方詮議ノ節陸軍省へ協議可致《いたすべし》」と達し、鉄道を敷設・改良するさいには陸軍省と協議することになった（日本国有鉄道編『工部省記録』第一冊）。軍部は、普仏戦争時におけるプロイセンの軍事輸送を学び、総合的な鉄道政策を樹立しようと考えていたのである。

一八八七年六月、参謀本部長の有《あり》栖《す》川宮熾仁《がわのみやたるひと》親王は、①海岸部から内陸部への幹線経路の変更、②国際標準軌間（一四三五ミリメートル）、ないしそれ以上の広軌道の採用、③幹線の複線化などを骨子とする「鉄道改正議案」を作成し、翌八八年四月には、参謀本部陸軍部が『鉄道論』を公にし、軍部の立場を表明した。そこでは、日本の鉄道には速力、軌間、馬力、搭載力などに限界があり、軍事上の輸送力は欧米と比べものにならない。陸軍の鉄道政策への関与、本州の幹線計画の樹立、複線化、広軌化、停車場などの諸設備の改良を実現し、輸送力の増強をはかるべきであると主張されていた。

しかし、その後軍部は一転して国有論を唱えるようになった。参謀本部第一局員の大沢界《かい》雄《ゆう》は、日清戦争が終結する一八九五年四月にドイツ留学から帰国すると、鉄道国有論を熱心に説いた。大沢は、一八五九年一〇月（安政六年九月）、三河国（現・愛知県）西加茂《にしかも》郡打越《うちこし》村の大覚寺（真宗大谷派）の次男として生まれた。軍人を志し、一八八一年一二月に陸軍士官学校を卒業、歩兵少尉に任官した。その後、八六年一月には陸軍大学校に入学し、卒業後の八九年一一月に輜《し》重《ちょう》兵中尉として第一大隊（東京）付となった。九〇年六月に参謀本部に出仕し、一一月に輜重兵大尉、一二月に参謀本部第一局員となった。

一八九三年一一月にドイツ駐在を命じられ、兵站《へいたん》輸送の研究に従事した。帰国後は輜重兵少佐、兵站監部参謀となり、九八年七月に「鉄道ノ改良ニ関スル意見」を著した。そこでは、①車輛製造技術が向上し、軌間の三倍まで車輛幅を増すことできるようになったので、狭軌道のままでも積載量を増やすことができる、②速度よりも、全国的な輸送体系の統一の方が重要である、③戦時輸送体制強化のための車輛や線路、貨物輸送方法などの技術的な改良、および鉄道行政改革や職員養成が必要などと論じられ、広軌改築よりも国有化が緊急の課題であるとされた。こうした大沢の発言によって軍部は広軌改築論を放棄し、鉄道国有論を主張するようになったのである。

反対論者・渋沢栄一の転換

鉄道国有論に対して、実業界の雄・渋沢栄一は反対論を唱えていた。鉄道にかぎらず、すべて事業というものは「競争」によって進歩する。国有化によって政府が鉄道事業を一手に取り扱えば、いわゆる「官の権利」が濫用《らんよう》されて、「乗客を圧迫する」「国民の便否に充分注意せぬ」「繁文縟礼《はんぶんじょくれい》の弊を生ずる」「入費が多く掛る」などの弊害が必ず生じる。渋沢はこのように考えていたのである（『時事新報』一九〇六年二月一〇日）。

東京商業会議所が一九〇二（明治三五）年一月に政府に鉄道国有化を陳情するさいにも、渋沢は陳情委員長であったにもかかわらず、反対なのではないかとみられていた。国有化そのものに反対を表明していたわけではないが、二億九〇〇〇万円の買収公債を一挙に発行し、元利償還資金に鉄道からの純益をあてるとして、政府に国有化をせまるのはやや早計と考えていた（「鉄道国有問題と渋沢男」『東京経済雑誌』第一一一三号、一九〇一年一二月）。また、国有化によって、日本の隅々まで鉄道をゆきわたらせるという目的が遅延してしまうのではないかという危惧も抱いていた。外資導入のために鉄道国有化が必要という見解についても、否定的であったように思われる（『東京日日新聞』一九〇二年一月一日）。

しかし日露戦争（一九〇四〜〇五年）後渋沢は、①鉄道の統一、②貨物運賃の低廉化、③植民地鉄道と内地の鉄道の一体化という三つの視点から鉄道国有化を主張するようになった。日本の鉄道は「国内枢要の地を通じて布設」されているが、「連絡は尚《なお》不完全」で「東奥、北陸の如き要部にして尚中断」されているところがある。こうした全国的な鉄道網の敷設は、「個人会社の能《よ》くする所」ではないので、鉄道の国有化を実施しなければならないというのである。

また、鉄道会社も「多数の小組織」からなっており、「相互の連絡を欠き統一を失」っている。そのため「運輸の便少く、賃銭不廉なる」という状況を免れることができない。産業開発のためには、これら鉄道網の統一をはかる必要がある。そのためには、「政府自ら進んで経営」するか、あるいは「国有其他の方法」で「統一整理」し、「一丸」となって「交通機関の任務」を発揮し、「重要産業」に対して「運輸の便、運賃の低減を断行」しなければならないと述べた。

さらに渋沢は、朝鮮の京釜《けいふ》鉄道、京義《けいぎ》鉄道、中国東北部の南満洲《みなみまんしゅう》鉄道などにも大きな関心を寄せていた。植民地経営を円滑に進めるためには、植民地の鉄道と日本国内の鉄道とを一体的に経営することが重要で、そのためにも鉄道国有化を実現しなければならないと考えていた。また、満洲や韓国への商品輸出の拡大にとっても国有化が必要で、「現政府が若《も》し鉄道政策に依《より》て輸出入抔《など》の上に注意を加へ国力を増進すると云ふ見地から鉄道国有を主張するものなれば止むを得ず、自分等も最初は反対した政策であるけれども今日の場合或《あるい》は同意せざるを得ぬかと思」ったのである（「青淵先生の鉄道国有談」『龍門雑誌』第二一三号一九〇六年二月）。

III　自由主義者の「独占」批判

「帝国縦貫鉄道」の構想――南清

このように鉄道敷設法公布以後、鉄道国有化問題がにわかにクローズアップされた。その背景には、資本主義の発展とそれにともなう国内市場の拡大が、鉄道網の整備と鉄道輸送力の増強を要請していたという事情があった。しかし、この問題を解決する方策としては鉄道国有化が唯一の方法というわけではなく、それを批判し独自の構想をもつ者もいた。

この時期、工部大学校の第一回生で、琵琶湖畔の工事や中山道鉄道の敷設で高崎～上田間の測量などに携わった技術者である南清《みなみきよし》が、論客として頭角をあらわす。南は広軌改築論、鉄道国有論を批判しつつ、「帝国縦貫鉄道」という独自の全国的鉄道網を構想し、官私鉄の併存や小鉄道会社による分立経営を克服しようとした。すなわち、非鉄道国有論の立場から狭軌道の全国的鉄道体系を構想し、鉄道敷設法体制下の諸問題を乗りこえようとしたのである。

南清は、一八五六年六月（安政三年五月）に会津藩士であった父・南舎人《とねり》（保定）の四男として生まれ、会津が落城し明治維新を迎えると六九（明治二）年に上京し、洋学者で啓蒙思想家でもあった神田孝平《たかひら》の玄関番を経て箕作麟祥《みつくりりんしょう》の英学塾で学んだ。その後慶應義塾に移り、さらに開成学校で英学を修めたのち工部省測量司技生となり、技術者として身をたてた。一八七三年に工学寮が設立されると「益々《ますます》学問を完成せん」としてただちに入学し、七九年に卒業して工学博士の称号を得た。

南は、日清戦争と日露戦争にはさまれた時期、つまり日本の産業革命期に『鉄道経営の方針』（一八九九年）、『鉄道経綸の刷新』（一九〇二年）、『鉄道経営策――北陸幹線の整理』（一九〇三年）などを著し、鉄道敷設法体制下の鉄道政策や鉄道国有論を批判した。すなわち、鉄道敷設法は「鉄道の普及」のみを目的にしていたので、多くの鉄道線路は「孤立偏倚《へんき》の姿」を呈し、「相互競進改善」の途《みち》がない。また、山陰線、中山道線、鹿児島線のような地方線、軍事線の敷設に着手しながら、もっとも急を要する東海道線の複線化、海陸連絡工事などは完成をみていないのである。

こうした状況を改善するにはどうすればよいか。南によれば、「競進の大方針を立て、幹支線の関連尽《ことごと》く此主義を一貫せしむるの政策」をとることが肝要であった。これによって、期せずして大改良が行われ、線路も普及していくというのである。なお、「競進」という用語は、「競争」と「進歩」を組み合わせた南の造語である。

南の観察では、日本の鉄道は欧米先進諸国と比較すると、速力、輸送力、さらには停車場の設計や車輌の構造にいたるまで諸々《もろもろ》の点で劣っており、欧米先進諸国の鉄道と比べれば「軽便鉄道」（普通鉄道よりも規格の小さな鉄道）のようであった。しかし、「軌道拡張は必ずしも改良上の一要素にあらず」と広軌改築論をしりぞけ、狭軌道のままで、急曲線・急勾配の是正、複線化、橋梁《きょうりょう》の強化、重軌道の採用、貨物取扱方法の改良など一八項目にわたる技術上の改善策を実施すべきであるとした。

南清（鉄道博物館提供）

このような改善策の実施は、鉄道業に「自由競進」の原理を導入すれば十分に可能であった。南によれば、「自由競進」の効果はすでに実証されていた。山陽鉄道の経営管理が「常に一頭地を抽《ぬき》んで」ているのは、瀬戸内海上の内航海運と激しい競争を展開していたからである。また、大阪鉄道が速度を増し、関西鉄道が急行列車を頻発するなど改良に努力しているのは、並行して走る官設鉄道との競争にさらされていたからであった。

以上のように述べて南は、奥羽線、東海線、中央線、北陸線、山陰線、山陽線、九州東南線・北西線の八大幹線からなる全国的鉄道体系を構想し、それぞれの路線を官設鉄道も含めて異なる鉄道会社に経営させることを提唱した。鉄道会社相互の「自由競進」が促進され、鉄道の進歩・改良がはかられるからであった。

したがって、鉄道業の「自由競進」の道を途絶する鉄道敷設法や鉄道国有化は、鉄道の改良や発達を促進しない。鉄道国有化は「国防上の利益」や「営業上の画一」をもたらし、鉄道業の発展を促進すると説く者もいるが、「全国の線路を挙げて一手に帰し、競進の途を途絶するもの」で、鉄道の進歩・改良にはつながらないというのであった。

独占の弊害をもたらす――田口卯吉・乗竹孝太郎

『東京経済雑誌』を主宰していた田口卯吉も、鉄道国有論の批判者であった。田口は、日清戦争後に展開された鉄道国有論を「株屋の間に発したる一問題」であるとみなし、打算的な実業家(株屋)が国有論を唱えることに異論をはさむ気はないが、政治家が主張するのには断固反対すると述べた。

田口の主張はこうである。そもそも鉄道国有論は軍事上の観点から主張されたもので、経済的な立場からみれば私設鉄道の方が官設鉄道よりもはるかに優れている。しかも、鉄道が軍事的に大きな意義をもっているのは、隣国と国境を接している欧州諸国のような場合であって、日本のような島国にはあてはまらない。軍事上の意義を論拠とする国有論が、「軍事の当局者たる政府」ではなく、「株式の下落に苦しめる株屋連」によって主張されているのはいささか不可解ではあるが、政府の財政状況をみても国有化は不可能である（田口卯吉「鉄道国有の議」『東京経済雑誌』第九五九号、一八九八年一二月）。

また、田口は「鉄道の統一」に批判的であった。鉄道の統一とは「全国の鉄道を挙げて一官衙《かんが》若《も》しくは一会社の所属たらしめんとするもの」で、独占の弊害を引きおこすからであった。つまり、私設鉄道であれ、官設鉄道であれ、鉄道を一つの経営体に統一することは、独占の弊害をもたらすので好ましくないとしたのである。田口が執拗に鉄道国有論を批判したのは、競争線の存在こそが「鉄道の利益を十分に発揮」すると考えていたからであった（「私設鉄道の合併」『東京経済雑誌』第八三一号、一八九六年八月）。しかし、名古屋～大阪・草津間の関西鉄道と官設鉄道の競争が両者の運賃協定に結実したように、競争は田口の思い描いたようにはならなかった。

日露戦争後に再び高揚した鉄道国有論批判は、一九〇五年四月の田口の死後、『東京経済雑誌』の主幹となった乗竹孝太郎《のりたけこうたろう》に引き継がれた。乗竹も田口と同様、鉄道営業の統一は、競争を根絶し、設備の進歩や改良を遅滞させ、「壟断《ろうだん》専横の弊害」をもたらすと批判した。たしかに小鉄道会社が濫立《らんりつ》するのは問題であるが、自然の成り行きに任せれば、「小会社は漸々《ぜんぜん》大会社と合併し、結局全国の鉄道は数大会社の管理に帰」し、「健全なる競争」のもとに「進歩改良」がなされるとみていた(「鉄道国有計画に就いて」『東京経済雑誌』第一三二四号、一九〇六年二月)。

かくて「鉄道は国家自ら経営すべきもの」というのは「一箇の臆断」にすぎず、「天の命令」でもなければ「憲法の命令」でもない。しかも、内外国債が激増している今日、私設鉄道を買収するために巨額の国債を発行すれば、政府財政に打撃を与え、国債所有者の利益もそこなうことになる。したがって国有化を強行すれば、鉄道の収益が著しく減少し、国債も利子を産むどころではなくなり、それでなくても悪化していた国家財政に「非常の煩累《はんるい》」をもたらすことになる。そこで政府は、この打撃を少しでも軽減しようとして鉄道運賃を値上げし、結果的に「生産力の勃興を挫折する」ことになる(「鉄道買収は断じて非なり」『東京経済雑誌』第一三二七号、一九〇六年三月)。

自由貿易主義を掲げる田口や乗竹は、鉄道統一による独占の弊害という観点から、鉄道国有論を批判していたのである。

Ⅳ　国有鉄道の誕生

鉄道国有法案をめぐる西園寺・加藤の対立

日露戦争後の一九〇五（明治三八）年一二月、第一次桂太郎内閣のもとで「鉄道国有法案」「鉄道国有の趣旨概要」「買収価格に関する調書」「公債償還に関する調書」などの、いわゆる鉄道国有関連法案が閣議決定された。しかし、その後桂内閣が日比谷焼打ち事件の責任をとって総辞職したため、同法案は一九〇六年一月に組閣した第一次西園寺《さいおんじ》公望《きんもち》内閣に引き継がれた。

西園寺内閣は、一九〇六年二月一七日に鉄道国有関連法案を閣議に提出した。しかし、閣僚の間に意見の相違があり、午後二時から始まった閣議は九時に寺内正毅《まさたけ》（陸軍大臣）と斎藤実（海軍大臣）の二人が退出したとはいえ、夜中の零時過ぎまでつづいた（「鉄道国有と閣議」『読売新聞』一九〇六年二月一九日）。

鉄道国有関連法案は、二月二七日に閣議決定され、三月三日、衆議院に提出された。西園寺首相によれば、そもそも「我国に於《お》ける鉄道国有の主義」はいまいま始まったわけではない。東京〜横浜間や京都〜神戸間の官設鉄道に着工したときから国有主義をとり、一八九二年に鉄道敷設法を制定してからは「全国重要なる線路を予定し、而《しこう》して鉄道公債を以《もっ》て之を経営する」という大方針を明示した。

しかし政府財政が逼迫《ひっぱく》していたので、「一部を民業に委するの政策」を、いわば「唯鉄道の速成を図る機宜の措置」としてとらざるをえなかった。そのため民業を特許する場合には、ゆくゆくは国有に帰すという条件を付していた。また、日清戦争後には「幹線の拡張」を計画し、「建設に改良に巨額の国費」を投じた。そして、一九〇〇年の私設鉄道法の改正にあたって「民業買収の原則」を明示したのも、「官営主義」のあらわれであった。このように、日本の鉄道政策は当初から国有主義で首尾一貫しており、私設鉄道を認可したのも鉄道の速成のための便宜的な措置にすぎなかったというのである。

西園寺が問題にしたのは、「官設の外に三十有余の私設鉄道ありて、北海道より九州に至るまで僅々二千哩《マイル》に足らざるにも拘《かか》はらず、主要の幹線に於《お》いてすら尚《なお》官私数箇の管理に分るゝならずや」という、鉄道敷設法のもとでの官私鉄の併存、小鉄道会社による分立経営であった。なぜならば、そのために運送費の不廉、運輸の遅滞という問題が生じ、日露戦争後の産業発展に支障をきたすと考えられたからであった。鉄道の国有化は、鉄道を「政府の経営に統一」し、「運輸の疎通と運搬力の増加」をはかり、「生産力の勃興」をもたらすとともに、「設備の整斉」「営業費及貯蔵品の節約」によって「運送費の低廉を企図するもの」であった（西園寺公望「鉄道国有の趣旨」）。

なお、西園寺内閣の外相・加藤高明《たかあき》は鉄道国有法案に反対し、「国務大臣として輔弼《ほひつ》の任を完《まっと》うし難い」として外相を辞任した。加藤は、三菱財閥の創始者・岩崎弥太郎の娘と結婚していたので、これは三菱系の九州鉄道の利害を代弁しての行為とみなされてきた。しかし、加藤が鉄道国有法案に反対したのは、①私設鉄道を国家が強制的に買収することは、人民既得の財産権を侵害する、②私設鉄道買収のための四～五億円の公債発行は、公債価格を下落させ経済、財政に深刻な影響を及ぼす、③国有化後の鉄道は、多大の収益をもたらし国庫の財源に資するとされているが、鉄道経営の実態をみればとてもそのようにはならない、と考えたからである（「国有反対の加藤外相辞職の理由」『時事新報』一九〇六年三月九日、櫻井良樹『加藤高明』）。

大混乱のなかでの強行採決

鉄道国有法案が議会に上程されると、その可否をめぐる論争が活発となり、新聞各社はそれぞれ賛成、反対の論陣をはった。『国民新聞』は賛成の論陣をはり、鉄道国有の意義を、①軍事上の必要、②運輸上の整理、③財源涵養《かんよう》の必要、④生産事業の発展の四点にまとめ、鉄道国有化は「今日を以て最も好機」であるとし、もし実行できなければ、「運輸の整理は勿論《もちろん》、財源の涵養も生産の発展も亦遂《またつい》に期すべからざるなり」と述べ、鉄道国有化を支持した。

一方『東京朝日新聞』は、鉄道国有法案が衆議院を通過しても、最終的に法案が成立するまでは「吾人《ごじん》の反対猶《なお》継続す可《べ》し」と、鉄道国有化反対の論陣をはった。同紙によれば、東海道線の寝台車や食堂車は山陽鉄道の模倣で、京浜間に急行列車を設けたのは京浜電気鉄道との競争の結果であるように、これまで鉄道の改良は私設鉄道によって担われてきた。したがって、鉄道の国有化によって「一切私設を許可せざりし」ということになれば、鉄道の改良が行われないだけでなく、鉄道の延長さえ十分にはなされなくなるというのである。

このように、鉄道国有化の可否をめぐって激しい議論が交わされるなか、鉄道国有法案は三月一六日の衆議院で討議された。傍聴者は「人の山を築きたる有様」となり（「議員雑事」『読売新聞』一九〇六年三月一七日）、議場では国有論を批判する武富時敏《たけとみときとし》（進歩党）と擁護する竹越与三郎《たけこしよさぶろう》（立憲政友会）らの激しい応酬があったが、国有法案は賛成二四三票、反対一〇九票で可決された。

その後同法案の審議は貴族院に移り、①買収対象私鉄を三二社から一七社に減らす、②国有化実施の期間を二年から一〇年に延長するなどの大幅な修正がほどこされ、三月二七日に賛成二〇五票、反対六二票で可決された。同日は議会最終日であったので、修正案はただちに衆議院に回付され、特別委員長であった長谷場純孝《はせばすみたか》（立憲政友会）の「討論省略、採決」という動議をめぐって大混乱、日本の議会史上初の「乱闘国会」となった。それでも杉田定一《ていいち》議長（立憲政友会）は採決を強行し、反対の議員はすべて退場ないし棄権したため賛成二一四票、反対〇票で即日可決された。西園寺内閣が鉄道国有法案の採決を強行したのは、内閣の延命のためにはどうしても成立させなければならないと考えたからであった。

政府による私鉄一七社の買収

鉄道国有法は、一九〇六（明治三九）年三月三一日に法律第一七号として公布された。同法第一条では、「一般運送ノ用ニ供スル鉄道ハ総《すべ》テ国ノ所有トス、但《ただ》シ一地方ノ交通ヲ目的トスル鉄道ハ此ノ限ニ在《あ》ラス」と、幹線国有主義を規定している。そして、同年五月二四日に臨時鉄道国有準備局官制が公布され、私鉄一七社の国有化事業が開始された。私鉄の買収期間は、鉄道国有法では「明治三十九年ヨリ明治四十八年迄」（第二条）とされていたが、一九〇六年七月に「鉄道国有ノ実行ヲ速《すみやか》ニスルノ議」が閣議決定され、当初の原案どおり〇六年から〇七年までの二年間となった。買収対象私鉄は、北海道炭礦、日本、山陽、関西、九州の五大私鉄と甲武、岩越、西成、北海道、京都、阪鶴、北越、総武、房総、七尾、徳島、

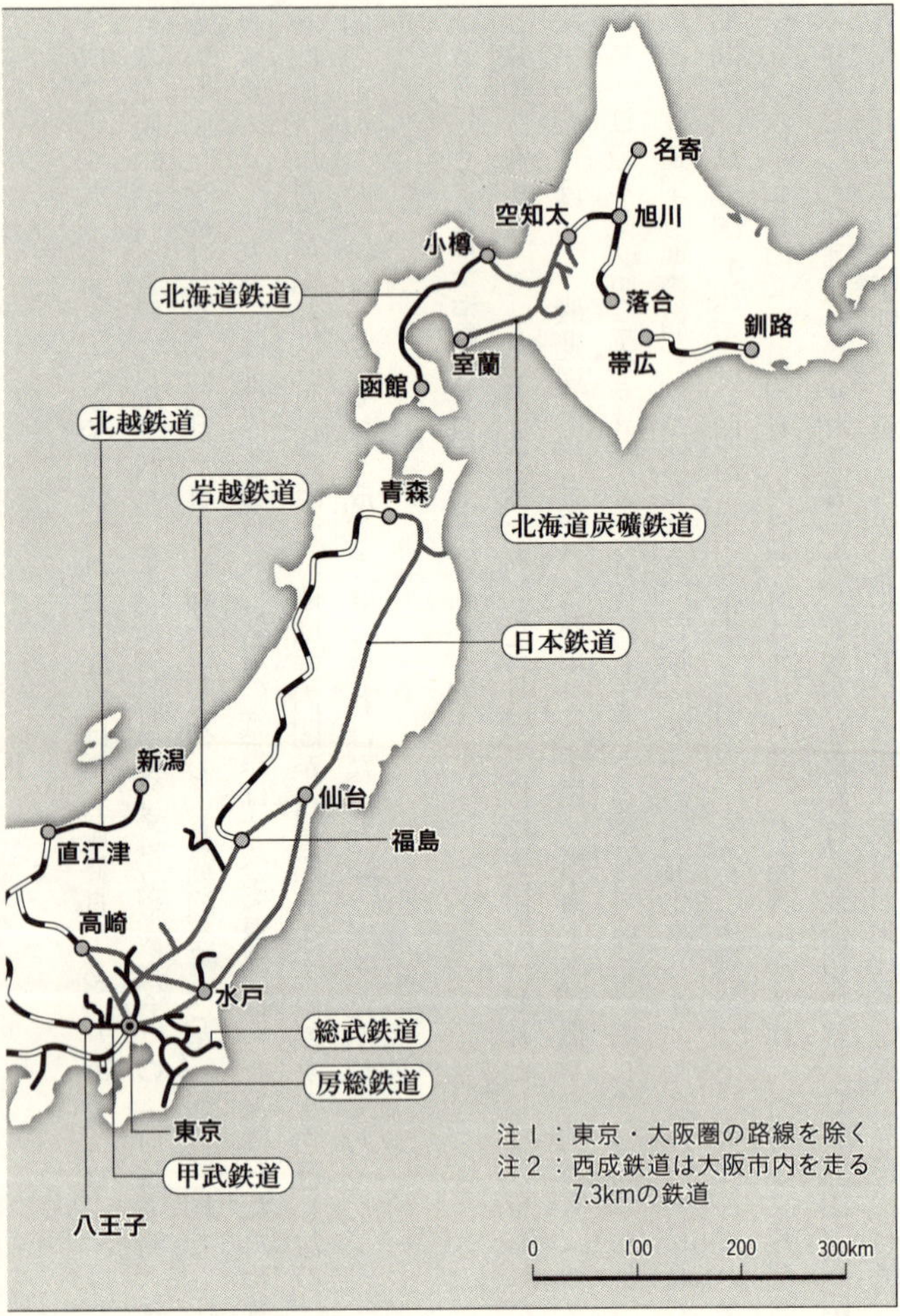
名寄
空知太
旭川
小樽
北海道鉄道
落合
釧路
室蘭
帯広
函館
北越鉄道
岩越鉄道
青森
北海道炭礦鉄道
日本鉄道
新潟
仙台
福島
直江津
高崎
水戸
総武鉄道
房総鉄道
東京
甲武鉄道
八王子
注１：東京・大阪圏の路線を除く
注２：西成鉄道は大阪市内を走る
7.3kmの鉄道
0
100
200
300km

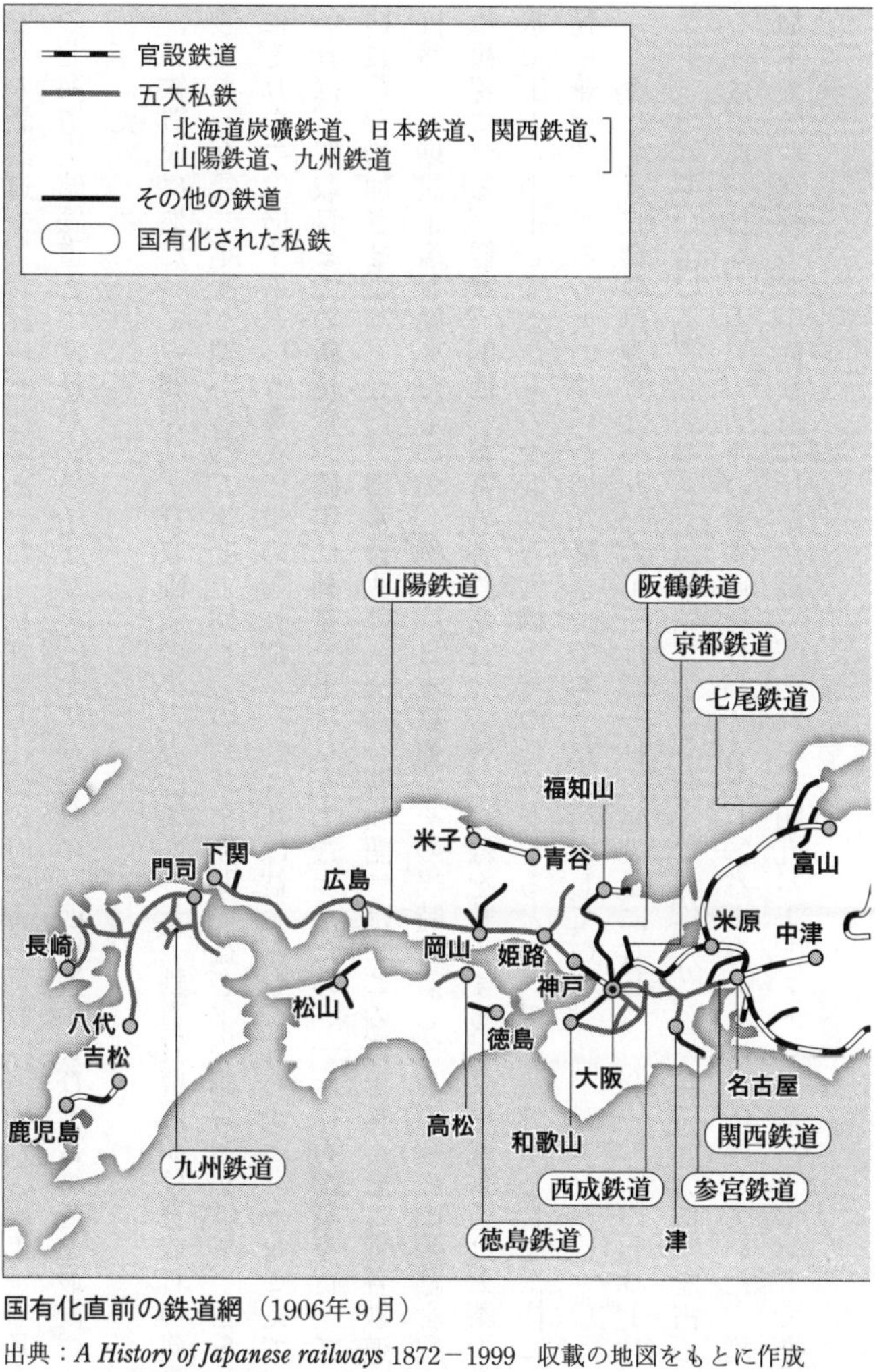

国有化直前の鉄道網（1906年9月）

出典：*A History of Japanese railways* 1872−1999　収載の地図をもとに作成

参宮の諸鉄道で、合計一七社であった。私鉄一七社の政府による買収は、一九〇六年一〇月の北海道炭礦鉄道と甲武鉄道から始まり、〇七年一〇月の関西鉄道および参宮鉄道を最後に完了した。

私鉄買収にあたっての問題は、買収価額の決定方法であった。鉄道買収価額は買収日の建設費に一九〇二年度下期から〇五年度上期までの六営業期間の益金平均割合をかけて、さらにそれを二〇倍するという算式で求められた。私鉄各社は益金割合が五パーセントをこえていれば、買収日までの新投資が確実に利益を生むことになったため、一斉に新投資を行って建設費を増加させようとした。清水啓次郎『交通今昔物語』は、この様子を「そこで各鉄道は盛んに増設工事を始めたもので、例《たと》へば日本鉄道がその当時所有してゐる今の山手線を急に複線にする、総武、関西、参宮の各鉄道会社も皆、複線を敷設する。又甲武鉄道はお茶の水で工事を中止してゐたものを俄《にわか》に万世橋《まんせいばし》までの延長をやるとか、それが皆申し合せた様に昼夜兼行で、まるで火のついた様な騒ぎ」であったと活写している。

こうして買収日の建設費は一九〇六年三月三一日の建設費に対して、全体では約七パーセント(一五七六万円)増加した。その増加額のうち九州鉄道が三分の一(五四一万円)を占め、それに甲武、日本、山陽、関西の諸鉄道を合わせると七〇パーセントほどに達していた。増加率では参宮鉄道と甲武鉄道の比率が高く、それぞれ四九パーセント、二八パーセントであった。

被買収私鉄は益金の増加にも熱心で、関西鉄道は一・五六パーセント、日本、九州、総武の諸鉄道では〇・五パーセント以上の上昇を示した。私鉄各社は所得税の控除、未開業線の収益計算、営業費の建設費への振り替えなど、益金割合を高める努力を惜しまなかった。一七社の買収価額の総額は、当初の見込みでは四億二一五一万三〇〇〇円であったが、決定額は四億六七三七万一〇〇〇円となった。その差額は四五八五万八〇〇〇円で、当初見込みよりも一〇・九パーセントも増加した。

鉄道買収公債の交付額は四億五六二〇万円であった。一九〇七年の工・鉱・運輸業の資本総額が六億二二〇〇万円であったので、鉄道買収公債の価額がいかに膨大であったかがわかる。買収公債は、日露戦争後に勃興しつつあった重工業や電力業への再投資、あるいは中国、朝鮮など大陸への進出のための資金源になった。たとえば北海道炭礦鉄道の買収公債は直接日本製鋼所や輪西《わにし》製鉄所の設立資金となったし、生命保険会社の電力投資も鉄道買収公債によって行われた。

財閥と皇室にとっての国有化

それでは、鉄道国有化によって買収公債の公布を受けたのは誰か。『帝国鉄道要鑑』第二版（一九〇三年）によれば、最大の鉄道株所有者は三菱財閥の岩崎久弥《ひさや》で、日本鉄道（二万二九八二株）、九州鉄道（九万一三〇七株）、山陽鉄道（二万七八七〇株）、関西鉄道（三五八九株）、岩越鉄道（八〇〇〇株）、参宮鉄道（七一四株）、北海道鉄道（一〇〇〇株）など、総計一五万五四六二株を所有していた。三菱財閥では岩崎弥之助も日本鉄道（一万五〇〇株）、九州鉄道（一万八四四〇株）、山陽鉄道（一万八〇〇株）など総計三万九七四〇株を所有しており、両岩崎家の所有株数を合わせると一九万五二〇二株にも及んでいる。

一方三井財閥では、三井銀行が日本鉄道（一万一二九二株）、九州鉄道（七一七九株）、山陽鉄道（三万三五一株）、北海道炭礦鉄道（六万六二〇〇株）、岩越鉄道（八〇〇〇株）、参宮鉄道（七一四株）、北海道鉄道（一〇〇〇株）など総計一二万四七三六株を所有している。また住友財閥では、住友吉左衛門《きちざえもん》が日本鉄道（三九九四株）、九州鉄道（九五〇二株）、山陽鉄道（四二八〇株）、関西鉄道（一〇九〇株）、伊予鉄道（五〇〇株）、北海道鉄道（一〇〇〇株）など、総計二万三六六株を所有していた。

このように三菱、三井、住友の三大財閥は鉄道株の大口所有者であった。とくに三菱財閥は二〇万株近くを所有し、三井財閥の所有株式数も一〇万株をこえていた。三菱財閥が鉄道国有化で獲得した鉄道買収公債は、中国への貿易・借款・投資の拡大、あるいは朝鮮での小作地経営や兼二浦《けんじほ》鉄鋼区の開発などの資金源となったものと思われる。財閥以外では、田中新七、雨宮敬次郎、大倉喜八郎、松本重太郎《じゅうたろう》、原六郎、今村清之助《せいのすけ》らの個人と、大阪貯蓄銀行、明治生命、日本貯蓄銀行などの有力な金融機関が鉄道株の大口所有者であった。

さらに注目されるのは、皇室が三菱、三井の両財閥につぐ鉄道株の大口所有者として登場し、一九〇五年ないし〇六年には日本鉄道（二万四四二二株）、北海道炭礦鉄道（二万七六九〇株）、総武鉄道（一二〇〇株）、岩越鉄道（二〇〇〇株）、参宮鉄道（一三一四株）、北海道鉄道（一〇〇〇株）、京都鉄道（三〇〇〇株）など、総計六万六二六株を所有していたことである。なお、このほかにも一九〇一年には、京釜鉄道創立委員長渋沢栄一の内願により同鉄道の株式一〇〇〇株（五〇〇〇〇円）を引き受けている（『御資会計録』一九〇一年）。鉄道国有化後、皇室の所有する鉄道株は皆無となったが、北海道炭礦汽船（北海道炭礦鉄道の鉄道部門が国有化されたのちの会社）、日本銀行、横浜正金銀行などへの投資が増大し、株式の所有額はむしろ増大した。

巨大交通機関の出現

国有化後の官設鉄道は「帝国鉄道」ないし「国有鉄道」とよばれるようになり、独占的な陸上交通機関となった。未開業線も含めて三〇〇四マイル（四八三三・四キロメートル）の路線、一一一八台の機関車、三〇六七輛の客車、二万八八四輛の貨車、四万八四〇九人の職員を擁する巨大な組織が誕生したのである。また一九〇七（明治四〇）年度末の国鉄のシェアは、国有化前の一九〇五年度末と比較すると、開業距離で三二・〇パーセントから九〇・九パーセント、輸送人キロで二九・四パーセントから九一・四パーセント、従業員数では三七・二パーセントから八八・四パーセントへと大きく増加した。

経営管理機構も大幅に改編され、鉄道作業局が一九〇七年に帝国鉄道庁となり、〇八年には内閣直属の鉄道院となって北海道、東部、中部、西部、九州の各鉄道管理局がおかれた。財務会計制度では一九〇六年四月に帝国鉄道会計法が公布され、資本と収益の二勘定を含む特別会計が創設されたが、なお建設改良費は一般会計から受け入れ、益金も一般会計に納付されていた。帝国鉄道会計法は一九〇九年に改正され、鉄道益金を建設改良費に充当したり、鉄道会計の負担で公債を発行したりすることが可能となった。

それでは鉄道の国有統一の効果はどのようにあらわれたのであろうか。「鉄道国有の趣旨概要」によれば、運賃の低減化、輸送力の増強、経費の節約などがあげられていた。このうち旅客運賃は、線路別ではなく通算法による遠距離低減制を採用することによって、大幅に下がった。国有化前と国有化後の旅客運賃を比較すると、新橋〜静岡間では一円七三銭から一円六六銭（低減率四パーセント）、新橋〜奈良間では四円四〇銭から三円四〇銭（同二二・七パーセント）、新橋〜広島間では六円五二銭から四円一三銭（同三六・七パーセント）となり、長距離にわたるほど低減率が高くなった。貨物運賃でも、一九〇六年一〇月から全国を四つの区域に区分して遠距離低減制が採用された。そして、一九一二年一〇月からは山陽線以外では運賃の統一がなされ、遠距離低減制の適用が拡大された。また輸出振興をはかるため、綿織物、石炭、生糸などで特定運賃が採用された。輸送力も貨物列車の配車の合理化、運輸系統の整理による長距離直通列車の増発、列車運転度数の増加などによって増強された。

しかし、経費の節約という点ではそれほどの効果はもたらされなかった。「鉄道国有ノ趣旨概要」では総係費、運輸費、貯蔵物品、車輛費などで一八二万円の節約が見込まれていたが、実際には日露戦争後の物価騰貴や設備の改善によって運輸費、保存費、車輛修繕費は増加していた。そのため営業費の増加が著しく、営業係数（営業費／営業収入）は国有化前よりも悪化した。さらに買収公債やそれにかかわる利子、債務取扱諸費などを考慮に入れれば営業係数はさらに悪化しているとみなければならない。

鉄道五千哩祝賀会と台湾縦貫鉄道

ところで、鉄道国有法が成立した一九〇六（明治三九）年三月には、日本の鉄道の開業距離が五〇七三マイル（八一六二・五キロメートル）に達し、アジアではインドにつぐ鉄道大国となった。これを記念して、同年五月に名古屋で帝国鉄道協会主催の鉄道五千哩《マイル》祝賀会が

鉄道五千哩祝賀会（鉄道博物館蔵）

開かれた。これをもっとも喜んだのは、おそらく鉄道専門官僚として鉄道網の形成に粉骨砕身尽力してきた井上勝であったろう。しかし井上は、長男亥六《いろく》が死去したため祝賀会に出席できなかった。井上は祝詞を寄せ、鉄道の開業距離が五〇〇〇マイルをこえ「全国枢要ノ地」に普及したとはいえ、なおも新たに敷設を要する鉄道、既成線のうち改良や整備を要する鉄道があり、「英国等ト比肩セントスルニハ前途遼遠」であると述べた（「鉄道五千哩紀事」『帝国鉄道協会報』第七巻第三号、一九〇六年六月）。鉄道先進国のイギリスなどと比べれば、日本の鉄道はなおも未熟であったのである。

さらに「鉄道五千哩」にはもう一つ問題があった。それは、台湾鉄道部所属線路を加えて初めて五〇〇〇マイルになったということである。

一九〇五年一〇月の調査によると、台湾鉄道部所属の開業線は二五一マイル（四〇三・九キロメートル）なので、これをのぞくとまだ五〇〇〇マイルには達していない。「鉄道五千哩」は、台湾領有を前提とする帝国日本の版図で実現をみたことになる。

日本が台湾を南北に結ぶ縦貫鉄道の敷設に着手したのは、日清戦争終結後の一八九五年四月の下関講和条約によって台湾および澎湖《ぼうこ》諸島の割譲を受けてからであった。当初は、渋沢栄一らによって台湾鉄道という私設鉄道の設立が企てられたが、資金調達がうまくいかずに挫折した。縦貫鉄道の敷設を急ぐ台湾総督府は、一八九九年一〇月に台湾縦貫鉄道の官設方針を確定し、一九〇八年四月に基隆《きいるん》（キールン）～高雄《たかお》（カオシュン）間を全通させた。これによって台湾の貨物流動が東西方向から南北方向に大きく変容し、基隆、高雄の両港が著しい発展をとげた。米、砂糖、石炭などが主要貨物となり、台湾を帝国日本の経済圏に組み込んだのである。

朝鮮半島、そして満洲へ

国有化はまた、日本国内の鉄道だけでなく朝鮮の鉄道にも及んでいた。鉄道国有法と同時に、京釜鉄道買収法が成立したのである。

日本が朝鮮半島で鉄道敷設に着手したのは、日清戦争開始直後からであった。一八九四年八月、日本は朝鮮政府と「日鮮暫定合同条款《じょうかん》」を結び、京城《けいじょう》（ソウル）～釜山《ふざん》（プサン）間および京城～仁川《じんせん》（インチョン）間の軍用鉄道の敷設を認めさせた。そして翌一一月、中国東北部の九連城《くれんじょう》にあった第一軍司令官の山県有朋は、天皇に釜山から京城を経て義州《ぎしゅう》（ウィジュ）にいたる鉄道の敷設を上奏した。朝鮮半島を縦断するこの鉄道を、山県は「東亜大陸ニ通ズルノ大道」で、のちには「支那ヲ横断シテ直《ただ》チニ印度ニ達スルノ道路」となるとみていたのである（「朝鮮政策上奏」）。

京城と仁川を結ぶ京仁《けいじん》鉄道は、アメリカ人のモースが敷設権を獲得し着工しようとしていたが、渋沢栄一が京仁鉄道引受組合（のちの京仁鉄道合資会社）を組織して買収し、一九〇〇年七月に全線開業した。京釜鉄道の敷設は、日清戦争中には進まなかったが、戦後になると来るべき日露戦争に備えて急がなければならないという機運が醸成され、一八九六年七月、東京で渋沢栄一、竹内綱らによって京釜鉄道の発起人会が開催された。しかし、閔妃《びんひ》殺害後における朝鮮の対日感情の悪化、京釜鉄道の敷設に対するロシアの反対などもあって、韓国政府は日本側の要請に応じなかった。京釜鉄道の設立が認可されたのは一九〇一年五月、全線開通は〇五年五月であった。そのほか京城～義州間の京義鉄道、馬山《まさん》（マサン）～三浪津《さんろうしん》（サムナンジン）間の馬山線など軍用線の敷設も進められ、一九〇六年四月に京義鉄道が全線開業し、朝鮮縦貫鉄道が完成した。

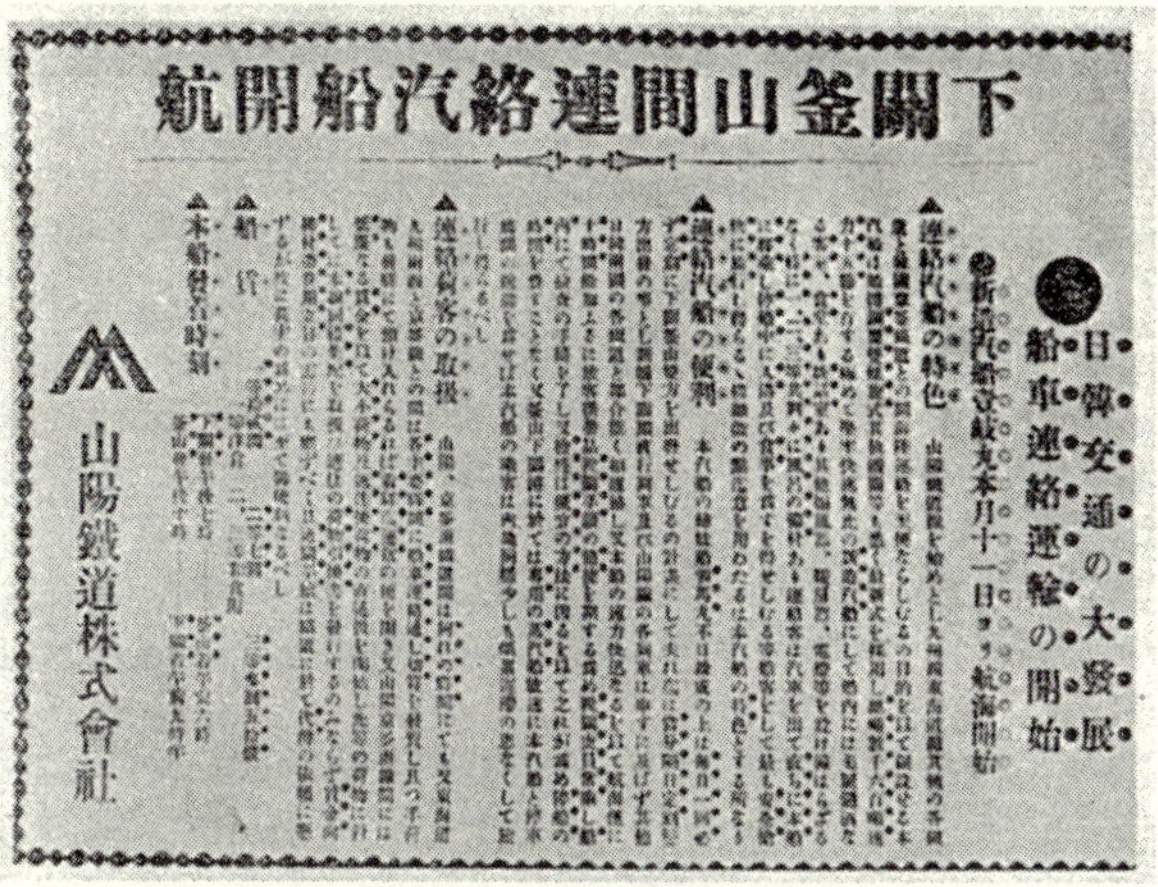

下関・釜山間連絡汽船開航の広告（『鉄道時報』より）

日本の鉄道敷設は満洲（中国東北）にも及んだ。ロシアの清国における鉄道利権の一部を割譲させ、長春以南東清《とうしん》鉄道南部支線を獲得し、さらに一九〇六年末には安東《あんとう》（現・丹東《たんとう》）～奉天《ほうてん》（現・瀋陽《しんよう》）間の軍用鉄道の支配権を認めさせた。

また、満洲には同年一一月に南満洲鉄道株式会社（満鉄）が設立された。満鉄は、大連～長春間および奉天～安東間などの鉄道業のほか、撫順《ぶじゅん》、煙台《えんたい》の炭鉱採掘、水運業、電力業、倉庫業、満鉄付属地における土地や家屋の経営を営業内容としていた。満鉄付属地には鉄道用地ばかりでなく市街地も含まれ、日本政府が外交権、軍事警察権、一般行政権を掌握しており、鉄道守備隊が駐在していた。

満鉄の資本金は二億円で、半額を日本政府が引き受け、鉄道、鉱山などの現物で出資した。残りの一億円については一九〇六年九月に募集が開始され、発行株式数の一〇七八倍の申し込みがあり、日露戦争後の企業勃興のきっかけとなった。満鉄は、日清合弁という建前をとっていたが、清国人が日本政府に抗議して株式募集に応じなかったので、日本政府が独占的に支配する会社となった。政府は、総裁、副総裁、理事の任命権者であり、監督権者でもあった。初代総裁には後藤新平が、台湾における植民地経営の実績をかわれて就任した。

鉄道の国有化は、日本国内の鉄道のみならず、韓国を経て中国東北にいたる帝国鉄道網を効率的に運用する処置でもあった。

あとがき

鉄道は、私たちにとってもっとも身近な交通手段のひとつである。一九六〇年代の高度経済成長期以降、日本ではモータリゼーションが進行し、乗用車による旅客輸送、トラックによる貨物輸送が鉄道のシェアを浸食しはじめた。とはいえ、今日においても旅客輸送では三〇パーセント前後のシェアを占めており（地下鉄を含む）、大都市圏の通勤・通学者にとってはなくてはならないものとなっている。その鉄道がはじめて日本にもたらされたのは、ペリーが二度目に来航した一八五四（嘉永七）年のことで、今からちょうど一六〇年前であった。もちろんペリーが持参したのは本物の鉄道ではなく、蒸気機関車の模型であった。

幕末から明治へと時代が移り、一八七二（明治五）年に日本で最初の鉄道が東京〜横浜間に開業した。以来、官設鉄道、私設鉄道の開業があいつぎ、全国的な鉄道ネットワークが形成された。そして、一九〇六（明治三九）年には鉄道国有法が公布され、翌年にかけて一七私鉄の国有化が断行された。こうして巨大な官営企業である国有鉄道が誕生したのであるが、このとき日本の鉄道の開業距離は五〇〇〇マイル（八〇四五キロメートル）をこえており、名古屋で「鉄道五千哩祝賀会」が開催された。本書は、ペリーによって蒸気車模型がもたらされてから、日本の鉄道が五〇〇〇マイルに及ぶ鉄道網を形成するまでの、およそ半世紀にわたる歴史を叙述したものである。

「産業革命」の母国イギリスで、リバプール〜マンチェスター鉄道が世界で最初の本格的な鉄道として開業したのは一八三〇年であったから、それからほぼ四〇年後には日本でも鉄道が走ったことになる。これを早いとみるか遅いとみるかについては意見が分かれるであろうが、鉄道はひとたび開通すると急速に路線網を拡大し、日本の工業化、近代化を文字通り牽引していくことになった。鉄道は、急激な経済発展をもたらしただけでなく、日本社会の近代化を促し、人々の生活を大きく変容させた。河川舟運や人肩馬背に依存していた物流は鉄道輸送にとって代わられ、人々はより遠くへ短時間のうちに出かけることができるようになった。また、それまでの時間の最小単位は小半時（三〇分）であったが、鉄道を利用するには「分」を意識しなければならなくなった。しかし、一方で鉄道は地域格差をもたらし「裏日本」を創出した。本書では、こうした鉄道の発展と日本社会の近代化との関係を、なるべく具体的にわかりやすく考察したつもりである。

ところで、私が日本の鉄道史研究を始めたのは大学院に進学してからであった。当時は、日本の鉄道の軍事的な意義を強調する傾向が強く、一九〇六年の鉄道国有化についても軍部の動向などが過度に注目されていたが、鉄道と経済発展との関係を考えてみようと思っていた私にはやや違和感があった。その後、いくつかの論文や著書を執筆しながら、いつしか自分なりの通史を書いてみたいと思うようになった。そんなときに中央公論新社の太田和徳氏から中公新書で日本の鉄道史について書いてみないかと声をかけていただいた。太田氏には筆者の原稿を丁寧に読んでいただき、数々の適切なアドバイスをいただいた。末筆ではあるが、心からの謝意を表したい。

なお、本書の執筆にあたっては、主要参考文献に掲げたもの以外にも多くの著書や論文を参照させていただいた。また、史料の引用においては、読みやすさを考えて適宜句読点などを補った。

二〇一四年五月

老川慶喜

主要参考文献

老川慶喜『近代日本の鉄道構想』日本経済評論社、二〇〇八年
老川慶喜『井上勝—職掌は唯クロカネの道作に候』ミネルヴァ書房、二〇一三年
老川慶喜「近代日本と東北地方の鉄道」(『津軽学』第八号、二〇一三年三月)
木下立安編『拾年紀念　日本の鉄道論』鉄道時報局、一九〇九年
小風秀雅「十九世紀における交通革命と日本の開国・開港」(『交通史研究』第七八号、二〇一二年九月)
高村直助『会社の誕生』吉川弘文館、一九九六年
田中時彦『明治維新の政局と鉄道建設』吉川弘文館、一九六三年
鉄道院編『本邦鉄道の社会及経済に及ぼせる影響』鉄道院、一九一六年
鉄道省編『日本鉄道史』上・中・下篇、鉄道省、一九二一年
内藤正中『島根県の百年』山川出版社、一九八二年
中村尚史『日本鉄道業の形成　一八六九〜一八九四年』日本経済評論社、一九九八年
日本国有鉄道編『日本国有鉄道百年史』第一巻〜第四巻、日本国有鉄道、一九七〇〜七二年

野田正穂・原田勝正・青木栄一・老川慶喜編『日本の鉄道—成立と展開』日本経済評論社、一九八六年
原田勝正『明治鉄道物語』筑摩書房、一九八三年
平山昇『鉄道が変えた社寺参詣』交通新聞社、二〇一二年
松方冬子編『別段風説書が語る19世紀』東京大学出版会、二〇一二年
松下孝昭『近代日本の鉄道政策　一八九〇～一九二二年』日本経済評論社、二〇〇四年
松永直幸「中山道鉄道の採択と東海道鉄道への変更」（『日本歴史』第七五五号、二〇一一年四月）
村井正利編『子爵　井上勝君小伝』井上子爵銅像建設同志会、一九一五年
山田直匡『お雇い外国人４　交通』鹿島研究所出版会、一九六八年

1897年（明治30）	8月、逓信省官制改正、鉄道局を鉄道の監督および私設鉄道の免許に関する行政庁とし、現業管理機関として鉄道作業局を設置。
1898年（明治31）	5月、東京商業会議所・京都商業会議所、「私設鉄道ヲ国有トナスノ建議」を内閣総理大臣に提出。7月、陸軍輜重兵少佐大沢界雄、「鉄道ノ改良ニ関スル意見」を著す。
1899年（明治32）	5月、山陽鉄道、急行列車に食堂付一等車を連結（列車食堂のはじめ）。
1900年（明治33）	3月、私設鉄道法、鉄道営業法公布。4月、山陽鉄道、急行列車に寝台付1等食堂合造車を連結、使用開始（寝台車のはじめ）。10月、新橋～神戸間急行列車に食堂車連結。
1902年（明治35）	3月、大蔵省の阪谷芳郎が「日本鉄道合同株式会社法案要綱」を発表。4月、総武鉄道、本所～成田間の往復運賃を大幅割引。成田鉄道、上野～成田間の直通列車に喫茶室を設置。8月、名古屋～大阪間で官設鉄道と関西鉄道が旅客運賃競争を始める。
1903年（明治36）	8月、仙台ホテル主人・大泉梅五郎の発案で、松島観光を目的とする日本鉄道の回遊列車が走る。
1905年（明治38）	9月、山陽汽船会社、下関～釜山間連絡航路を開始。11月、中央線、岡谷まで延伸。
1906年（明治39）	3月、鉄道国有法、京釜鉄道買収法公布。4月、帝国鉄道会計法公布。5月、鉄道五千哩祝賀会を名古屋で開催。11月、南満洲鉄道株式会社設立。

1883年（明治16）	7月、日本鉄道上野～熊谷間開業。12月、中山道鉄道公債証書条例公布。
1884年（明治17）	3月、柳ヶ瀬トンネル開通。4月、長浜～金ヶ崎間全通。5月、日本鉄道上野～高崎間全通。
1885年（明治18）	3月、日本鉄道品川～新宿～赤羽間開業。
1886年（明治19）	7月、東西両京間鉄道を中山道経由から東海道経由に変更。
1887年（明治20）	5月、私設鉄道条例公布。
1888年（明治21）	4月、参謀本部陸軍部が『鉄道論』を著す。11月、山陽鉄道兵庫～明石間開業。
1889年（明治22）	6月、田口卯吉、「先づ日本鉄道の全案を立つべし」（『東京経済雑誌』第474号）を発表。7月、官設東海道線新橋～神戸間全通、日本郵船は船客運賃を引き下げる。7月、鉄道開業1000哩を記念して名古屋で全国鉄道大懇親会を挙行。11月、両毛鉄道（小山～前橋間）全通。
1890年（明治23）	6月、日本鉄道日光線（宇都宮～日光間）全通。9月、鉄道局、内閣直属となり鉄道庁と改称。
1891年（明治24）	5月、佐分利一嗣、『日本之鉄道』を刊行。7月、鉄道庁長官井上勝が「鉄道政略ニ関スル議」を内務大臣品川弥二郎に提出。九州鉄道門司～熊本間開通。8月、筑豊興業鉄道若松～直方間開業。9月、日本鉄道上野～青森間全通。
1892年（明治25）	6月、鉄道敷設法公布。7月、鉄道庁が内務省から逓信省に移管、逓信省鉄道庁となる。12月、諏訪地方の蚕糸業者、中央鉄道期成蚕糸業連合会を組織し「対中央鉄道蚕糸業者意見」を政府に提出。
1893年（明治26）	3月、井上勝、鉄道庁長官を辞任。11月、逓信省官制改正、鉄道局を設置し鉄道庁を廃止。
1896年（明治29）	11月、東京商業会議所が逓信大臣に「広軌改築の義に付建議」を提出。

1869年（明治２）	12月、新政府、鉄道敷設に関し駐日イギリス公使パークスと非公式会議。同月12日、新政府、廟議で鉄道敷設を決定（東京～京都間の幹線と東京～横浜間、琵琶湖近傍～敦賀、京都～神戸間の各支線）。
1870年（明治３）	２～３月、谷暘卿、鉄道敷設の建白書を政府に提出。４月、民部大蔵省に鉄道掛を設置、鉄道敷設を統轄。お雇い英国人建築師長エドモンド・モレルら東京～横浜間鉄道の測量に着手。８月、民部、大蔵省の分離により、鉄道掛は民部省に所属。12月、工部省を設置、鉄道掛を民部省から移管。
1871年（明治４）	２月、工部省出仕の佐藤政養・小野友五郎、「東海道筋鉄道之儀ニ付奉申上候書付」を提出。９月、工部省鉄道掛を工部省鉄道寮に改組。工部大丞井上勝、鉱山頭兼鉄道頭に就任。
1872年（明治５）	６月、東京～横浜間鉄道品川～横浜間が仮開業。10月、東京～横浜間鉄道の開業式を挙行。
1873年（明治６）	９月、東京～横浜間鉄道の貨物営業を開始。
1874年（明治７）	５月、大阪～神戸間鉄道開業。
1876年（明治９）	９月、建築師長R・V・ボイル、「中山道線調査上告書」を提出。
1877年（明治10）	２月、京都～神戸間鉄道の開業式を挙行。５月、大阪停車場２階に工技生養成所開設。
1878年（明治11）	８月、京都～大津間鉄道着工（日本人技術者が工事を担当）。
1880年（明治13）	６月、逢坂山トンネル竣工（最初の山岳トンネル）。７月、京都～大津間鉄道の開業式を挙行。11月、幌内鉄道手宮～札幌間開業。
1881年（明治14）	11月、日本鉄道会社設立。
1882年（明治15）	５月、太湖汽船会社、大津～長浜間の鉄道連絡運輸を開業。

日本鉄道史略年表

年	事　項
1830年（天保１）	９月、イギリスで世界で最初の本格的な鉄道リバプール～マンチェスター鉄道開業。
1850年（嘉永３）	５月、漂流民中浜万次郎、アメリカで鉄道に乗車。
1853年（嘉永６）	７月、アメリカ合衆国使節ペリー浦賀に来航。８月、ロシア使節プチャーチン、蒸気車模型を持参して長崎に来航。8月、漂流民浜田彦蔵、アメリカで鉄道に乗車。
1854年（嘉永７）	２月、ペリー、蒸気車模型を持参し、江戸湾内小柴沖に来航。12月、薩摩藩、『遠西奇器述』を出版。
1855年（安政２）	９月、佐賀藩で蒸気車模型を製作。
1860年（万延１）	４月、幕府遣米使節、鉄道でパナマ地峡を横断。
1862年（万延３）	４月、福沢諭吉、マルセイユ～パリ間で鉄道に乗車。
1863年（文久３）	６月、井上勝、井上馨、伊藤博文、山尾庸三、遠藤謹助の長州藩士、英国ロンドンに密航留学。
1866年（慶応２）	２月、薩摩藩士五代友厚、ベルギー人モンブランとの協約に京都～大坂間鉄道敷設などを加える。５月、フランス人銀行家フリューリー・エラール、幕府に鉄道敷設などを献策。
1867年（慶応３）	４月、渋沢栄一、マルセイユ～パリ間で鉄道に乗車。
1868年（慶応４）	１月、幕府老中小笠原長行、アメリカ公使館員ポートマンの江戸～横浜間鉄道敷設請願に免許証および規則書を交付。

老川慶喜（おいかわ・よしのぶ）

1950年埼玉県生まれ．立教大学大学院経済学研究科博士課程単位取得退学．経済学博士．関東学園大学助教授，帝京大学助教授などを経て，93年より立教大学経済学部教授．2013年より立教大学経済研究所所長．1983年，鉄道史学会設立に参加．2003年から06年まで鉄道史学会会長を務める．

著書『近代日本の鉄道構想』（日本経済評論社，2008，第34回交通図書賞）
『井上勝―職掌は唯クロカネの道作に候』（ミネルヴァ書房，2013）
『日本の鉄道―成立と展開』（共編著，日本経済評論社，1986，第13回交通図書賞）
『堤康次郎』（共著，エスピーエイチ，1996）
『京阪百年のあゆみ』（共著，2010）
『西日本鉄道百年史』（共著，2008）
『阪神電気鉄道百年史』（共著，2005）
『東京オリンピックの社会経済史』（編著，日本経済評論社，2009）
ほか

日本鉄道史《にほんてつどうし》　幕末《ばくまつ》・明治篇《めいじへん》
中公新書 *2269*

2014年5月25日発行

著　者　老川慶喜
発行者　小林敬和

本文印刷　三晃印刷
カバー印刷　大熊整美堂
製　本　小泉製本

発行所　中央公論新社
〒104-8320
東京都中央区京橋 2-8-7
電話　販売 03-3563-1431
　　　編集 03-3563-3668
URL http://www.chuko.co.jp/

Published by CHUOKORON-SHINSHA, INC.
Printed in Japan　ISBN978-4-12-102269-1 C1221

中公新書

日本史

d3

2107 近現代日本を史料で読む 御厨 貴編
1621 吉田松陰 田中 彰
163 大君の使節 芳賀 徹
1710 オールコックの江戸 佐野真由子
2047 オランダ風説書 松方冬子
397 徳川慶喜（増補版） 松浦 玲
2040 鳥羽伏見の戦い 野口武彦
1673 幕府歩兵隊 野口武彦
1840 長州戦争 野口武彦
1666 長州奇兵隊 一坂太郎
1619 幕末の会津藩 星 亮一
1958 幕末維新と佐賀藩 毛利敏彦
1754 幕末歴史散歩 東京篇 一坂太郎
1811 幕末歴史散歩 京阪神篇 一坂太郎
60 高杉晋作 奈良本辰也

69 坂本龍馬 池田敬正
1773 新 選 組 大石 学
455 戊辰戦争 佐々木 克
1554 脱藩大名の戊辰戦争 中村彰彦
2256 ある幕臣の戊辰戦争 中村彰彦
1235 奥羽越列藩同盟 星 亮一
1728 会津落城 星 亮一
2108 大鳥圭介 星 亮一
840 江藤新平（増訂版） 毛利敏彦
190 大久保利通 毛利敏彦
1033 王政復古 井上 勲
1849 明治天皇 笠原英彦
2011 皇 族 小田部雄次
1836 華 族 小田部雄次
2051 伊藤博文 瀧井一博
2103 谷 干城 小林和幸
561 明治六年政変 毛利敏彦

1569 福沢諭吉と中江兆民 松永昌三
1316 戊辰戦争から西南戦争へ 小島慶三
1927 西南戦争 小川原正道
1584 東北―つくられた異境 河西英通
1889 続・東北―異境と原境のあいだ 河西英通
252 ある明治人の記録 石光真人編著
161 秩父事件 井上幸治
1792 日露戦争史 横手慎二
2141 小村寿太郎 片山慶隆
2210 黄禍論と日本人 飯倉 章
2162 桂 太郎 千葉 功
181 高橋是清 大島 清
2161 高橋由一―日本洋画の父 古田 亮
2268 幕末維新の城 一坂太郎
2269 日本鉄道史 幕末・明治篇 老川慶喜